エンジニアが学ぶ
在庫管理システムの
「知識」と「技術」

株式会社GeNEE
DX/ITソリューション事業部

SHOEISHA

本書内容に関するお問い合わせについて

このたびは翔泳社の書籍をお買い上げいただき、誠にありがとうございます。弊社では、読者の皆様からのお問い合わせに適切に対応させていただくため、以下のガイドラインへのご協力をお願いいたしております。下記項目をお読みいただき、手順に従ってお問い合わせください。

●ご質問される前に

弊社Webサイトの「正誤表」をご参照ください。これまでに判明した正誤や追加情報を掲載しています。

正誤表　https://www.shoeisha.co.jp/book/errata/

●ご質問方法

弊社Webサイトの「刊行物Q&A」をご利用ください。

刊行物Q&A　https://www.shoeisha.co.jp/book/qa/

インターネットをご利用でない場合は、FAXまたは郵便にて、下記"翔泳社 愛読者サービスセンター"までお問い合わせください。
電話でのご質問は、お受けしておりません。

●回答について

回答は、ご質問いただいた手段によってご返事申し上げます。ご質問の内容によっては、回答に数日ないしはそれ以上の期間を要する場合があります。

●ご質問に際してのご注意

本書の対象を超えるもの、記述個所を特定されないもの、また読者固有の環境に起因するご質問等にはお答えできませんので、あらかじめご了承ください。

●郵便物送付先およびFAX番号

送付先住所　　〒160-0006　東京都新宿区舟町5
FAX番号　　　03-5362-3818
宛先　　　　　（株）翔泳社 愛読者サービスセンター

はじめに

変化する在庫管理のあり方

　第二次世界大戦後の復興期以降、日本は高度経済成長期を迎え、作れば売れる時代、大量生産・大量消費の時代を経験しました。供給量以上の需要量が見込めるこのような時代には、在庫管理業務の命題は在庫の保全管理にありました。つまりは、手元在庫が消失、破損、摩耗しないように、適切な管理を行うことが最も重要だったのです。

　けれども、現代における日本経済の状況はまったく異なります。大量生産・大量消費の時代は終焉を迎え、アメリカやヨーロッパ、中国といったグローバル企業との熾烈な競争に巻き込まれる中、BRICsに続く有力な新興国グループであるVISTA（Vietnam：ベトナム、Indonesia：インドネシア、South Africa：南アフリカ、Turkey：トルコ、Argentine：アルゼンチン）の台頭、革新性や独自性を兼ね備えたテック系のスタートアップによる新規市場創出と既存市場破壊などにより、目まぐるしい速度で環境変化を起こしています。

　このようなさまざまな外的要因の影響を受け、過去に培われた在庫の保全管理手法はまったく意味をなさないものとなり、現代においては多様化する顧客の潜在需要に合わせ、独自性のあるものを少量ずつ生産する**多品種少量生産**が1つの主流となっています。また、機械学習や深層学習といった**AI技術**を取り入れた精度の高い需要予測などにより、過剰在庫は一切持たない**適正在庫管理の実現**が求められています。

在庫管理システムを担当するエンジニアに必要なもの

　在庫を取り扱う企業、つまりは小売業や製造業などでは、規模の経済（ある一定の生産設備を使用し、生産量や生産規模を高めることで1単

位当たりの生産コストが低減すること）が働きやすく、工場設備や事業規模の拡大に合わせて1商品当たりの製造・生産コストが下がり、市場競争上、優位な状況を作り出すことができます。その一方、規模の経済が機能し始めると、事業規模もそれに比例して膨らみ、組織体制、業務管理手法、ワークフロー、在庫管理システムを含む全社的なシステム環境にも大きな変化を与えるものになります。

在庫管理システムの設計・開発を担う段階によってエンジニアに求められるスキルやノウハウは異なりますが、仮に規模の経済が機能する前段階であれば、**拡大期に想定されるシステム負荷や、それに耐久し得るシステム仕様、システム構成（ネットワークなどのインフラ環境を含む）をしっかりと構想し、適切なタイミングで関係者に情報発信することが求められます**。

また、在庫管理システムと連携し合う、IoT重量計や画像認識技術などのテクノロジーは日に日に進化しています。**これらの最先端のテクノロジーと在庫管理システムがしっかりと連動し合うことにより、さらなる業務効率化や企業価値の向上につながります**。その意味では、在庫管理システムを取り扱うエンジニアには、最先端のテクノロジーに関する知見やノウハウ、情報収集力も必要不可欠といえるでしょう。

本書の構成

本書は、在庫管理システムを取り扱うエンジニアにとって必須とされる基本的な知識をまとめています。

第1章では、**エンジニアが知っておくべき在庫管理システムの基本と在庫管理業務の実務内で発生し得るトラブル事例**、そして**在庫管理業務とAIのつながり**について説明しています。

第2章では、**在庫の定義を再確認し、その上で製造業と小売業の中で使われる在庫**について触れています。本章でも説明しますが、単に在庫といっても段階によってその呼び名が変わります。また、在庫を取り扱う業務管理システムにおいてもその呼び名は変化する場合があります。第2章では、それらについて詳しく説明しています。

　第3章では、**在庫管理を行う目的、在庫管理レベルの水準、企業が目指すべき在庫管理の方向性**について説明します。企業によって事業規模や特性、システム投資にかける予算はまったく異なります。ただ、在庫管理という一点で見たときに、どの程度の水準にあるべきなのか、本章で説明しています。

　第4章は、在庫管理システムの中核的機能である**発注管理機能**に焦点を当てて、その重要性や仕組みについて説明しています。在庫管理業務における最大の命題は、適正在庫の実現であり、それを実現するために、現代社会に存在する企業がどのような在庫管理方式を採用しているのか、またその際に使われる分析手法などについても、詳しく見ていきたいと思います。

　第5章は、在庫管理システムに付随する**生産管理システム**についてです。製造指図が入り、実際の製造・生産から在庫として取り扱われるまでを、具体的なシステムを出しながら説明しています。また、グローバルな市場で効率的な製造・生産を実現するための手法も紹介していきます。

　第6章は、在庫管理システムに付随する**販売管理システム**について触れています。販売前時点で行われる需要予測の手法についていくつか紹介し、注文を受けてから実際に得意先やお客様に販売されるまでの過程を、順を追って説明しています。

　第7章は、**購買管理システム**についてです。商品が欠品、在庫切れを起こすと企業の機会損失につながります。また、一度でも欠品や在庫切れを起こすと、得意先や消費者に不安を抱かせ、その後の取引に大きな影響を与えかねません。購買管理システムは在庫状況を見ながら、適正な数量を発注するものです。企業によっては原材料を注文するものもあれば商品そのものを注文する場合もあります。購買管理と在庫管理が密に連携し合うことで、商品の欠品や在庫切れといったトラブルを未然に防止します。

　第8章は、在庫管理システムと切っても切り離せない**会計管理システム**について触れています。それぞれのシステム上で似たようなデータを

保持しますが、数量管理や在庫の評価などで明確に役割分担が決まっています。会計管理システム上、在庫がどのように扱われているのか、基礎的なところから説明していきます。

第9章は、**原価管理システム**についてです。製造業のように自社で製品を製造・生産している場合、原価計算や原価管理が必要となります。また原価管理は会計管理とは異なり、自社独自の制度設計と運用を伴い、企業によって姿・形が変わるものです。本書ですべてを説明することは難しいですが、重要となる原価計算制度やどのような仕組みで製造生産コストが算出されるのか、説明を行っています。

第10章では、**これまで触れてきた付随システム以外に在庫管理と接点のある業務システム**について紹介します。主には、LMSと呼ばれる物流管理システム、TMSと呼ばれる輸配送管理システム、WMSと呼ばれる倉庫管理システムです。いずれのシステムも在庫管理業務との接点があり、昨今ではこれらの管理システムを基幹システムとは別に開発・構築するケースも増えているので、本章の中で説明を行いたいと思います。

最後の第11章は、**在庫管理システムの未来**について触れています。昨今、テクノロジーの発展は著しく、それらの動向は在庫管理システムにも影響を与えています。とりわけ、中国ではその動きが顕著であり、モバイルアプリや画像認識技術を組み合わせた在庫管理の実例も登場しています。紙面の都合ですべてを説明することは難しいですが、いくつかテーマを設定し、最新のテクノロジーと在庫管理システムがどのように連動しているのか、具体的な説明を行っています。

本書が、製造業や小売業、流通業といった分野の中で社内の在庫管理システムに携わるシステムエンジニア、あるいはこれから同業界・業種向けにシステム設計および開発を行うシステムエンジニアの方にとって、実践的かつ有益な情報を提供し、ひいては在庫を取り扱う全業界・業種の発展に寄与することを願います。

2023年2月　日向野　卓也

目　次

第 3 章　在庫管理の目的

第 4 章　在庫管理の中核となる発注管理機能

第5章 在庫管理に付随する 関連システム(1) 生産管理

第6章 在庫管理に付随する 関連システム(2) 販売管理

第7章 在庫管理に付随する 関連システム(3) 購買管理

第8章 在庫管理に付随する 関連システム(4) 会計管理

第**9**章 在庫管理に付随する
関連システム(5) 原価管理

第**10**章 その他在庫管理と関連性のある
業務管理システム

第11章 在庫に関連する最新のテクノロジー動向

読者特典ダウンロードのご案内

読者の皆様に「在庫管理用語集」をプレゼントいたします。
以下のサイトからダウンロードして入手してください。

https://www.shoeisha.co.jp/book/present/9784798176932

※特典データのファイルは圧縮されています。ダウンロードしたファイルをダブルクリックすると、ファイルが解凍され、ご利用いただけるようになります。

●注意
※特典データのダウンロードには、SHOEISHA iD（翔泳社が運営する無料の会員制度）への会員登録が必要です。詳しくは、Webサイトをご覧ください。
※特典データに関する権利は著者および株式会社翔泳社が所有しています。許可なく配布したり、Webサイトに転載することはできません。
※特典データの提供は予告なく終了することがあります。あらかじめご了承ください。

●免責事項
※特典データの記載内容は、2023年1月1日現在の法令等に基づいています。
※特典データに記載されたURLなどは予告なく変更される場合があります。
※特典データの提供にあたっては正確な記述につとめましたが、著者や出版社などのいずれも、その内容に対して何らかの保証をするものではなく、内容やサンプルに基づくいかなる運用結果に関してもいっさいの責任を負いません。

第 **1** 章

在庫管理システムの現状

在庫管理システムの存在意義

在庫管理システムをうまく活用するために

なぜ企業は在庫を持たないといけないのか？

　事業活動を営む企業はなぜ在庫を持つのでしょうか。その答えは明確で、**お客様に自社商品を迅速かつ正確にお届けするため**です。ただ、お客様がいつ、どのタイミングで、どの程度の量の商品を必要とするか、AIやIoTといった最先端のテクノロジーを活用しても正確な予測は非常に難しいものです。そのため、企業は工場や倉庫に在庫を持ち、お客様の購買事情に合わせて商品製造、保管、流通といったプロセスを経てお客様に商品を届けています。けれども、企業はこのプロセスの中で大きな問題に直面します。自社の適正在庫量は果たしてどの程度なのか、ということです。

　日々必要とされる商品数は予測が非常に難しいものですが、それはその日の天候や気温のほか、競合や市場全体の動向、モノによってはニュース報道といった外的要因から多大なる影響を受けるからです。在庫量が少な過ぎると欠品・入庫待ち状態に陥りますし、反対に在庫量が多過ぎると商品によっては廃棄処分が必要になります。このような問題を抑制し、自社の適正在庫を見極めるために、企業は在庫管理システムを活用するのです。

なぜ企業は在庫管理を誤るのか？

　数年前、某医療機器の卸売事業者は在庫管理がうまくいっていませんでした。同社のバックオフィス部門はトップマネジメント層から指示を受け、在庫量と在庫量に単価を乗じた在庫金額の状況を一覧化した、週次・月次・四半期単位の滞留在庫レポートを作成し、在庫管理業務に直接的に関連する部門長にそれらのレポートを共有していました。けれど

も、滞留在庫量は慢性的に高い状態が続きました。その一方、業績は大きく伸長していたため、物流管理センターは常に空きがない状態で、新規物流管理センターの立ち上げを視野に入れていました。

滞留在庫レポートを作成していることからもわかるように、同社の在庫データの収集に関しては適切でした。しかしながら在庫データの活用方法に誤りがあったため、在庫の数や金額データでは現在の在庫量が適正なのかわからない状態に陥っていました。同社が本来とるべき行動は、**現在の注文量を把握し、それと在庫量を比較すること**だったのです。

┃在庫管理業務のシステム化前に押さえておくべきポイント

在庫管理業務や流通管理業務に慣れていない方は、この話を聞いてもあまりピンとこないかもしれません。ここからは話をわかりやすくするために、具体的な事例を用いて説明します。

仮に商品Aを1万個保有しているとします。1万個という個数は人によっては大きく感じられるかもしれませんが、もし1日当たりの注文数が10万個あるとしたら1万個ではまったく足りません。お客様からの注文があるのに在庫が足りず、完売・欠品という状態になります。

それでは、1日当たりの注文数が400個の場合はいかがでしょうか。1万個保有しているのなら25日分の在庫を抱えていることになります。消費期限、賞味期限にもよりますが、25日分の在庫があれば突発的な大口注文が入っても対応できるでしょう。しかし、1日当たりの注文数が5,000個なら在庫は2日分しかありません。この場合、急な大口注文の依頼がきたら出庫量が足りず、機会損失を生むことになります。

このように在庫の数や単価、金額に加えて、**1日当たりの過去の注文数を加味する**ことで、現在と将来の在庫の数が適正なのかどうかが見えてきます。

現在と将来の在庫の数が見えてくると、将来商品を発注する際、どの程度の量を注文したら良いのかを決める手掛かりにもなります。例を挙げると、10日分の在庫を持つと決めた場合、1日当たりの注文数が400個なら4,000個分の在庫を、800個なら8,000個分の在庫を持つことにな

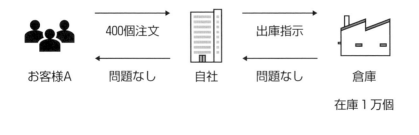

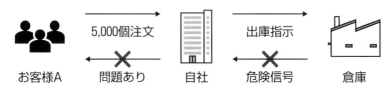

◆1日当たりの注文数から保有すべき在庫量を考える

ります。これが日々の発注量をベースとした在庫管理になります。

　適正発注量の計算方法に関しては第4章に譲りますが、ここでは**日々の注文量に対して何日分の在庫量を持つのか**を意識することで在庫管理がしっかりと回り出すことを理解してください。

在庫管理システムが機能するケース

　弊社のお客様からも「在庫管理システムを開発したが、在庫管理が全然うまくいかない」という声を聞くことがあります。それどころか、お客様によっては「以前のアナログな管理方法のほうがうまくいっていた気がする」というような相談を受けることもあります。このように先ほどのような例は、実際問題としてよく起きているのです。大半のお客様は、在庫管理に関するデータ収集はうまくできています。しかしながら、その後のデータの扱い方に問題があるのです。

　データを適切に取り扱うという意味では、在庫データを単一的に見るのではなく、注文データなどのデータと合わせて複合的に調査・分析す

ることが大切です。

　某小売業のお客様は、事業規模が小さく、システムへの投資予算も限られていたことから、ExcelやAccessを用いて在庫関連のデータ蓄積および分析を行っていました。このお客様は、在庫データと注文データをうまく組み合わせており、いつ、どのタイミングで在庫量がなくなるのか、きちんと日数計算をした上で、商品を仕入れていたのです。その結果、出荷対応日数のバラつきを抑えることができ、うまく在庫管理ができていたのです。

　ただ単に在庫管理システムを導入したら業務効率化や適正在庫が実現できるわけではありません。**自社が抱える現状の課題を正しく認識し、それらを解決するために、どのようなデータを収集し、どのように活用すれば良いのか、その点をしっかりと検討した上で、システム設計を行うことが肝要なのです。**

在庫管理業務の特徴

さまざまな業務と連携する構成がトップマネジメント層・現場層へ求めること

現代社会の在庫管理業務

　大量生産・大量消費の時代、在庫管理業務の主目的はその商品を「劣化させない」「消失させない」「汚さない」といった保全的な意味合いの中に置かれていました。時代は移り変わり、現代のような消費の多様化が加速する状況下で在庫管理業務に求められることは、**自社に合った最適な在庫量を把握し、その在庫量に適した管理を行うこと**になりました。現在の在庫管理業務の究極的な目標は、完売・欠品といった機会損失を生むことなく、在庫ゼロを達成することです。しかし、グローバル化やインターネットが浸透した現代社会では、市場動向は瞬く間に変化し、先月大量に販売できたものが今月はまったく売れないといった状況が頻繁に起こっています。

　基本的には、一度ブームの去ったものが再度ブームを巻き起こすことはありません。在庫は保有しているだけでも倉庫の賃借料や管理コストがかかるため、在庫を長い期間抱えてしまうとコストは積み上がり、企業としてはマイナス要素しかないのです。

　また、現在の在庫管理はその他の業務と密接に関連し合っています。在庫管理業務のみをシステム化する事例は少なく、基本的には生産管理業務や販売管理業務、購買管理業務、会計管理業務、原価管理業務と連動します。業界・業種、取り扱う製品や会社の特性によって若干の違いはありますが、次ページの図のようなシステム構成をとることが多いようです。

　なお、在庫管理システムと密に関連し合う付随システム（生産管理システム、販売管理システム、購買管理システム、会計管理システム、原価管理システム）については各章で詳しく解説します。

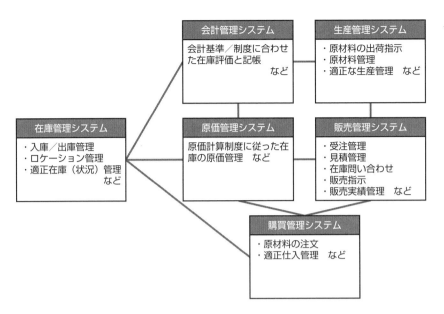

◆在庫管理システムと付随するシステムの役割

トップマネジメント層と現場層の認識の違い

　在庫管理において、必要以上の在庫を抱えていても良いことは何ひとつありません。業界業種によって多少の考え方の違いはあるかもしれませんが、企業経営を担うトップマネジメント層の大半は、常に在庫の最小化を目指しているはずです。けれども、在庫管理業務を担う現場の方たちが同じ認識を持っているとは限りません。

　なぜここでトップマネジメント層と現場層の間で認識ギャップが生まれてしまうのでしょうか。それは、在庫管理業務に携わる現場の方たちは、急な大口注文が入った際に在庫切れを起こすことを恐れているからです。企業によって文化が異なるので一概にはいえないのですが、多くの企業の在庫管理業務に携わる方たちは、「完売や欠品状態に陥り上層部から何か言われるよりも、少し余裕を持たせた状態で在庫管理したほうが良いだろう」といった考えを持っています。

　また、在庫管理に密接に絡み合う購買部門や生産部門も同様に、「ま

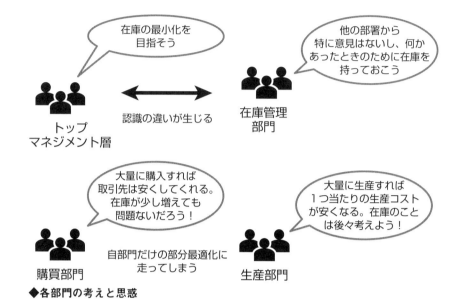

◆各部門の考えと思惑

とめて大口発注をかけたほうが安くなる。前回よりも安く仕入れること
ができたら社内評価も上がるだろう」といった考えや、「都度足りない
分を製造するよりもまとめて一括で作ったほうが生産コストを抑えられ
る。それができたら自部門の成果になるだろう」といった考えを持つ人
はたくさんいるでしょう。要するに会社全体の最適化を目指すのではな
く、自部門だけの部分最適化に走ってしまうのです。このようにそれぞ
れの関連部署に在庫管理を任せてしまうと、在庫の量は調整されること
なく、慢性的に一定規模を持つことになりかねません。

関連部署がしっかりと在庫の存在を意識する

　購買部門、生産部門のミッションは在庫管理業務を通じた適正在庫の
実現ではありません。自社のために少しでも調達コストを抑えた購買を
行うこと、少しでも安く生産を行うことを目指した部門です。景気が良
く、市場が伸長しているのなら在庫は自然とさばけていきますが、デフ
レが続く日本において、そのような状況は望みが薄いでしょう。そのた
め、トップマネジメント層は在庫管理に間接的に絡む各部署の思惑を制

御しなければなりません。「在庫を日々の注文数に合わせて管理する」といった明確な方針を打ち出し、**全社的に必要以上の在庫を持たないスリムな体制を築くこと**が最も肝要となります。

在庫が生まれる根本原因を特定する

　全社的に在庫管理の方針が浸透したとしましょう。その後は、具体的にどのような施策を打ち出せば良いのでしょうか。

　次のステップとしては、**在庫が生まれる根本原因を追跡する**必要があります。本来、在庫を抱えずに、その日必要な分だけ手元に用意できれば在庫という概念は生まれません。しかし、現実には自社の生産体制、購買体制、在庫管理体制の仕組み、業務システムの制約、取引先やお客様、広い意味では市場動向といった外的要因などのさまざまな影響を受けて在庫が発生します。外的要因に関しては、社外のことでそう簡単には調整できないので、ここではいったん議論の対象外とします。

　社内体制に関しては見直しができそうです。例として、商品Aの1日当たりの見込販売数がおよそ3,000〜4,000個とします。ただ生産体制の都合で、1回当たりの最小生産ロット数が1万5,000個だとどうでしょう。1日当たりの必要個数がわかっていても在庫が出てしまいます。もしくは1回当たりの最小取引ロット数が5,000個の場合、こちらも1,000〜2,000個の在庫を生んでしまいます。在庫管理という一点で物事を考えれば、在庫ゼロは意外と簡単に実現できると思われがちですが、企業の事業活動を一気通貫で見てみると、どこかの工程でボトルネックが発生しており、それらが在庫を生み出す根本原因となっている可能性が高いのです。

　自社の最小生産ロット数が1万5,000個ではどうしても在庫が生まれてしまいます。これを仮に3,500個に変更する場合、間違いなく1個当たりの生産コストは上昇するでしょう。

　これに関しては、仕方がありません。重要なのは、上昇した**生産コスト**と自社内で慢性的に発生している**在庫管理コスト**、**処分コスト**のどちらが大きいかを比較することです。仮に在庫管理コストと処分コストが

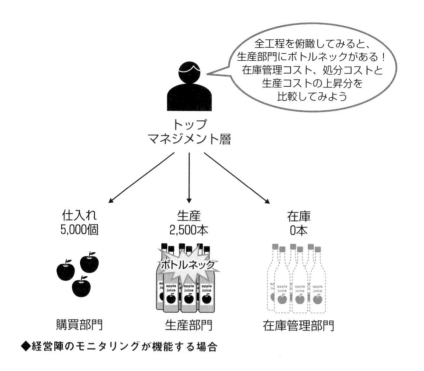

全工程を俯瞰してみると、生産部門にボトルネックがある！在庫管理コスト、処分コストと生産コストの上昇分を比較してみよう

トップ
マネジメント層

仕入れ
5,000個

生産
2,500本

ボトルネック

apple juice / apple juice / apple juice / apple juice

在庫
0本

apple juice / apple juice / apple juice / apple juice

購買部門

生産部門

在庫管理部門

◆経営陣のモニタリングが機能する場合

大きい場合、生産体制を見直す必要が出てくるでしょう。生産部門は良いですが、在庫を抱えてロスを生んでいる以上、全社的にはマイナスだからです。これらの体制見直しは一部門の責任者の声だけではなかなか実行段階に移りません。トップマネジメント層が各現場の状況を俯瞰的に見て、トップダウン形式で全工程横断的な体制の見直しを図る必要があるのです。

　仕組み化ができている会社や愛社精神の強い会社では、トップマネジメント層がモニタリングをしたり、指示を出したりしなくても、現場から上層部に自然と意見が上がってきます。組織が大きくなればなるほど、現場の動きは見えにくくなるので、そのような体制が早い段階から整備されている会社は、1つの強みを持っているといってもいいでしょう。

　会社の仕組み化について触れてしまうと、組織論的な話になってしまうので、ここでは詳しく触れませんが、過剰在庫のような企業課題に直面したとき、在庫に関連する全部門から決定権を持つ人間（部長や課長）

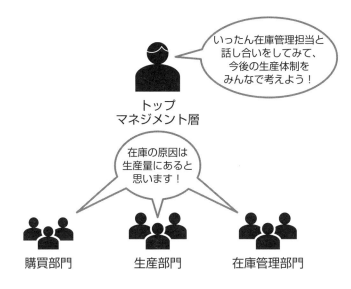

◆仕組み化ができている会社の場合

を集め、一時的なタスクフォースを編成し、**組織横断的に問題解決にあたる機会を作ること**が重要です。

根本原因特定後も問題は再発する

　方針を打ち出し、根本原因を特定し、それを排除した後も在庫問題は再燃する可能性が高いです。市場動向の変化により、常に注文量は変動しますし、それに合わせて企業側も常に対策を打たなければならないからです。また現場の方たちを自発的に在庫問題に向き合わせるために、トップマネジメント層は人事評価などにも目を向けなければなりません。

　通常、製造業の生産部門は生産コストをどれだけ下げたかによって評価がなされます。これは非常に理にかなっている考え方です。しかし、これだけの評価ですと、先にお話しした部分最適な考えがどうしても働いてしまいます。某製造業では、生産コストをいかに下げたかに加えて、生産した商品の出荷率・販売率、そして販売率から逆算した在庫率といった複数の指標を用いて生産部門を評価していました。これも一種の仕組み化になってきますが、各部門が部分最適に走らないように、部門評

価をさまざまな観点から行うのは非常に良い取り組みだと思います。販売率や在庫率で評価されるとなった場合、生産部門には「作り過ぎはやめよう」といった考えが働き、結果として、過剰在庫といった問題を解消する1つのきっかけになるでしょう。

　今回は生産部門に根本原因があることを前提に話を進めてきましたが、購買部門や販売部門など他の部門に根本原因が潜む可能性も十分に考えられます。重要なのは、トップマネジメント層がしっかりと現場の業務に関与し、時には現場と協力し合いながら根本原因を解決することです。

1-3 在庫管理システムの基本

在庫管理システムに求められることと在庫不一致を未然に
防ぐシステム構成を探る

在庫管理システムに求められる要素

1-1の中で、在庫データは単一的に見るのではなく、注文データなどのその他のデータと組み合わせ、複合的に見ることの大切さをお伝えしました。また在庫管理システムを単体で見たときには、在庫データを時系列に分けて、目的に応じて管理・運用することが重要になることも説明しました。時系列は、通常の在庫管理システムであれば、現在、未来、過去の3つに分けられます。

ここでの現在とは、現在時点の在庫情報を的確に把握することを意味します。未来とは、現在時点から見て将来的にどの程度の在庫が必要になるかを推測することを意味します。そして最後の過去ですが、こちらは過去の在庫情報を管理・分析し、現在および未来に活かすことです。それぞれの時系列で取り扱う在庫情報の詳細を見ていきましょう。

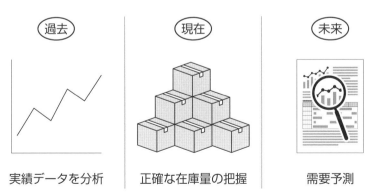

過去	現在	未来
実績データを分析	正確な在庫量の把握	需要予測

◆在庫データを時系列に分けて考える

まず現在時点です。通常、取り扱う商品数が多い会社ほど帳簿もしくはシステム上の在庫と実際の在庫が合わなくなる傾向があります。不一致を起こす原因は仕入れをした際の記帳ミスや盗難といった管理トラブルなどさまざまあり、実務上、正確な在庫情報を把握することは非常に難度を伴うことです。現在時点の在庫情報が誤ると過去情報も未来情報も不整合を起こしている、または起こす可能性があることを理解しておきましょう。

　続いて未来です。「X月〇日に存在する在庫量は1万個」というように、将来の在庫量がある程度当たりを付けられたらどうでしょうか。現在の在庫量が適切であることが前提ですが、将来の購買活動や生産活動に大きな影響を与えることは間違いありません。また、お客様への納期日の回答といった観点からも未来の予測値は非常に価値のある情報になります。顧客満足度の維持や向上を目指す場合、在庫管理システムで取り扱う未来の情報は必要不可欠な存在なのです。

　最後は過去の在庫情報です。過去の在庫情報は主に経営分析・経営管理に使用されます。とりわけ、商品物販会社は、過去の実績データを踏まえて次期以降の全社的な企業戦略を練り直します。過去の在庫情報に誤りがあれば現在、そして未来の経営判断を誤らせる可能性があります。自社の経営判断がどのようにして行われているか、どの指標を重視しているかを意識しながら過去の在庫情報として持つべきものを峻別していきましょう。

在庫が不一致を起こす具体的な原因

　よくお客様から「なぜか在庫管理システム上の在庫情報と実際の在庫情報にズレが生じていて、どうしたら良いのかわからない」といった問い合わせや相談をいただきます。在庫管理システムを持たず、帳簿で在庫管理業務を行う小規模な商店であっても毎年相当なズレが発生するので、商品の点数、種別が膨大にある大きな会社であればそれはなおさらのことです。

　現在時点の在庫情報は、過去情報にその日の入庫分と出庫分を加算減

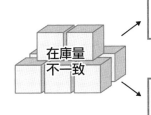

過去の在庫量に誤りがあるケース	現在の入庫量計算に誤りがあるケース	現在の出庫量計算に誤りがあるケース
システム投入に誤りがあるケース	予期せぬ不正が行われたケース	その他

◆在庫量不一致が起きるケース

算した数値です。これだけ聞くと非常に単純なものに感じるかもしれません が、「本来到着すべき入庫分が急遽未到着になった」「出庫予定だっ たものが交通事情によって、一部は翌日、残りは翌々日の出庫となった」 というようなイレギュラーな事態が日常の在庫実務では度々発生します。

　なお、過去の在庫情報が誤っていた場合には、いくら現在時点の在庫 情報、つまりは入庫分と出庫分を確認しても原因がわかりません。また 人のミスによってシステム上の投入データが誤っているとしたら、実際 の在庫情報の確認は意味を持ちません。時系列で見たときに**いつ時点の 誤りなのか、またシステムと実地のどちらが誤っているのか**を分けて考え なければなりません。

　大量の商品数を扱うケースの場合、実地棚卸の中でカウントミスをす るケースも少なくありません。昨今の在庫管理業務では専用のバーコー ド機器やスマートフォン端末などを利用して在庫管理を行うケースがほ とんどですが、中にはその一部を手動で入力することがあるので、そう いった場面でヒューマンエラーが発生します。

　また、「段ボールの中に1,000個入っているはずのものが実は999個し か入っていない」「新しく海外から仕入れた商品で現状バーコード機器 の読み取りができず、一時的に手動による管理となっていた」といった ことが現場では頻繁に起こり得ます。イレギュラーな事態でも冷静に対 処できれば良いのですが、通常業務がある中、やはりどうしてもミスは 起こってしまいます。

　これらの問題を防ぐためには、**イレギュラーな事態を想定し、可能な**

限り在庫管理システムの設計に落とし込むこと、頻繁にトラブルが起きる際には、重要度や緊急度に応じて在庫管理システムの改修を行う必要があります。

在庫管理を含む基本的なシステム構成と役割

　在庫の不一致を未然に防止するためには、在庫管理システムだけでなく、**付随するシステムとの適切な連携が必要不可欠**になります。一例を挙げると、生産管理の工程で何らかの生産トラブルがあると、過剰生産もしくは生産不足といった事態を招くことになり、結果として過剰在庫や欠品といった事態に発展します。販売管理システム上で受注の手続きや処理を誤ってしまうと得意先への出荷量にも影響し、在庫を生み出すきっかけになります。各システムは独立して機能しているようにも見えますが、実際は有機的につながりを持ち、密接に連携し合います。これらは下図のような業務フロー図にするとわかりやすいです。

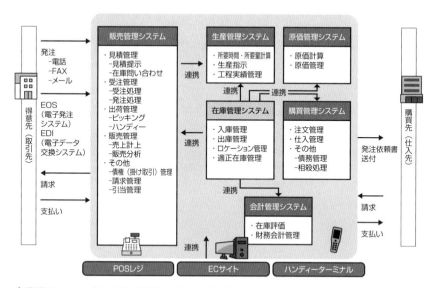

◆業務フローに合わせた各種システムの役割

　始点は得意先からの発注になります。古くから付き合いのある会社と

の取引の場合、今でも電話注文やFAX注文で受け付けをしている会社もたくさんあります。現在では、企業間で契約締結を済ませた上で、**EOS**（Electronic Ordering System）と呼ばれる電子発注システムや**EDI**（Electronic Data Interchange）と呼ばれる企業間の電子データ交換によって、受発注間の取引を簡便的に行う会社も増えています。

　販売管理システム上で注文が入ると、生産管理システム上で生産にかかる時間、量を計算します。同時に、生産指示が飛び交い、原材料を使用した生産活動が始動します。生産活動が切削工程、組立部門のように複数工程に分かれている場合、各工程の進捗状況を計画値と実績値で管理することになります。計画と実績に大きな差異が発生する場合、生産管理システムはアラートを出します。生産指示が発信されると同時に、原価管理システム上では製造・生産にかかる原価計算が行われます。また、一定期間の原価計算が完了した後は、各種原価の妥当性や次期以降の計画を立案する際の原価管理が行われます。

　外部から原材料等を調達することも必要になるので、購買管理システム上では購買先・仕入先に対し、発注依頼書が送付されます。こちらは企業によって手続きが異なりますが、電子化に消極的な会社の場合、紙媒体で発注依頼をかけています。購買・仕入処理が行われた後、それらは適切に管理する必要があります。具体的には注文したものが注文した日付に注文した場所に届いたかどうか、注文管理・仕入管理を行うのです。また大きな会社の場合、仕入先がグループ会社になるケースもあります。その場合は債権債務を相殺することで、支払いに関する事務的負担を減らすような工夫がされています。

　生産活動が終わると、在庫管理システム上で入庫管理が行われます。また在庫管理システムは販売管理システムと連携し合い、受注した分が得意先の元へ運搬され、出庫手続きおよび出庫管理を行います。出庫したものが別倉庫や別拠点に運搬される場合、在庫の保管場所を特定するロケーション管理を行います。どの場所にどれだけの在庫を抱えているか、またそれらの在庫がどのような状態で保管されているのかをシステム的に管理するのです。加えて、日々の入出庫情報やロケーション情報、

その他のシステムから出力される販売情報や生産情報と組み合わせて、適正在庫管理を行うことが在庫管理システムの最も重要な機能になります。

　これら一連の流れは、会計管理システム上で記録管理されます。最終的な売上やかかったコストが積算され、財務諸表類の決算値として計上されるのです。企業は会計原則や諸規則に従って毎期決算書類を作成しなければなりません。その書類を作成する際には、在庫を棚卸資産として適正価値で評価を行う必要があります。価値の下落が起きている場合には、評価損益を計上しなければなりません。評価手続きが終わった後、決められた期日までに決算書類をまとめて税務署に提出します。経理部門や財務部門がしっかりと機能する会社では、各種勘定科目の実績値を用いて、前四半期比や前期比分析、キャッシュフロー計算、将来の財務計画立案といった財務会計管理業務を行います。

1-4 AIにより進化する在庫管理システム

適切な技術選定で在庫管理にあらゆるメリットをもたらすAI

日々進化を遂げるAI

　システムエンジニアとして仕事をする方たちは、AIに関して関心がある人も多いのではないでしょうか。AIは、Artificial Intelligenceの略称で、日本語では人工知能と訳されます。AIの定義に関しては、AI研究者、専門家の方によって多少意見が異なりますが、ここでは、「人工的に作られた知能を持ち合わせる実態。あるいは、それを作ろうとする知能全体を研究する分野」として捉えてください。

　「人工的に作られた」というのはシステムエンジニアや研究者によって生成されたプログラムコードを指すことが多いです。「知能」に関しては、たとえば、AさんとBさんとCさんがいるとして、3人がりんごとみかんとバナナの中からそれぞれ1つの果物を選ぶとします。AさんとBさんの2人がりんごを選択した場合、1番人気の果物はりんごになります。それぞれの選択を学習した後、その環境下ではりんごが1番人気のある果物として認識をしたのなら、それは知能があるといえるでしょう。

　AIは、大量のデータを学習することで独自に規則性を導き出し、パターン化していきます。パターン化の精度が上がると、データに基づいた精緻な需要予測も可能になります。

　AIの進化は、在庫管理システムの発展にも大きな影響を与えました。たとえばある大手石油会社では、日本国内約30カ所の油槽所でAIを搭載した出荷予測システムによる在庫情報の可視化を図ることで、油槽所在庫の適正化、業務効率化に取り組んでいます。またある大手小売企業では、コンビニエンスストアやスーパーマーケットにおける消費者の需要を精緻に予測するためにAIを活用し、発注業務の効率化、在庫管理

19

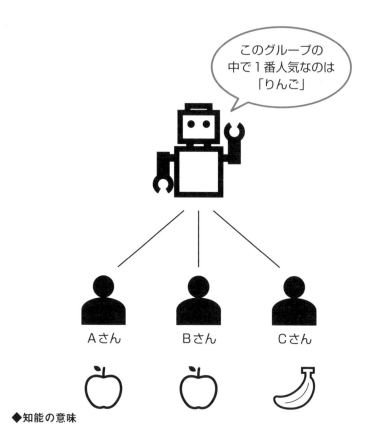

◆知能の意味

　の精度向上を目指しています。ある工事作業服を取り扱う企業では、AIを搭載した自動発注管理システムにより、過去数年間の販売実績情報などを活用し、発注量の自動計算に取り組んでいます。現在は季節要因などをより細かく分析・評価することで、欠品や在庫過多の防止を目指しています。

　このように、小売業、流通業、アパレル業を中心に、AIを活用した在庫管理業務の効率化は日に日に進んでいるといえるでしょう。

AIを利用した在庫管理のメリットとデメリット

　前項では、AI導入企業の実例について少しだけ触れましたが、在庫管理におけるメリットとして、次のようなものがあります。

未来予測が可能

機会損失の回避

ヒューマンエラーの防止

人件費削減

在庫過多の防止

欠品状態の防止

◆AI活用による在庫管理のメリット

・導入前と比べて、より精緻な未来予測が可能になる
・精緻な未来予測値を活用することで機会損失を回避できる
・AIを通じた機械的処理により、ヒューマンエラーを防止できる
・機械的処理・自動的処理により、人件費削減に貢献する可能性がある
・在庫過多の状況を未然に防止できる可能性がある
・欠品状態を防ぎ、売上最大化に貢献する可能性がある

　AIの利用により、滞留在庫の検知、精緻な需要予測、自動発注といった高度な仕組み作りが可能になりました。ただ、新しく登場した技術のため、企業によってはうまく使いこなせていないケースも出てきています。その原因は、AIの技術選定にあると考えられます。導入を検討する過程でいつの間にかAIの利用が主目的となってしまい、自社の実情に合った技術選定ができず、AIを手段として活用できないケースが実際に起きているのです。

　技術選定の誤りを防止するためには、やはりAI推進室のような専門的な部署・担当を設置し、組織的な情報収集や情報探索を行う必要があります。新しい部署・担当を設置する余力がない場合、AIコンサルテ

21

ィング会社などに一時的に業務委託するやり方も1つの有効な策です。ただ、闇雲に依頼してはいけません。AIコンサルティング会社の実績や取引先、組織体制などを確認し、AIに関する知見・ノウハウがあるか、自社が属する業界・業種の経験が豊富にあるかなど、しっかりと調査を行うようにしましょう。

　AI利用といっても良いことばかりではありません。コインに裏表があるように、AI利用にも次のようなデメリットが存在します。これらをしっかりと理解した上で、自社の在庫管理業務と相性が良いかどうか確認するようにしましょう。

・導入・利用には初期投資、ランニングコストがかかる
・継続的なモニタリングが必要になるので、キャッチアップを図る体制構築が重要
・AIのアルゴリズムを100%理解することが難しいため、根本原因の特定ができない（難しい）ケースが発生する可能性がある
・アルゴリズムの理解が難しいため、一部の在庫管理業務・工程がブラックボックス化することで、責任の所在が不明確になる可能性がある
・業務自動化のコントロールを誤ると、情報漏洩、誤発注といったリスクが発生する可能性がある

第 2 章

在庫に関する
基礎知識

在庫が生まれる理由

本書における在庫の定義を理解する

在庫の定義

　在庫管理について解説する前に、まずは在庫について定義しておきます。在庫の意味や必要性について明確な定義を持つことで、この後の章の理解も深まるからです。

　日常生活の中で、「在庫」という言葉が持つ意味を深く考えることはないと思います。在庫の意味を『日本国語大辞典』(小学館)で調べると、「商品が倉庫などにあること。又はその商品」「商品・原材料・仕掛品などが企業によって保有されていること。又はそれらの財貨」という説明がされてます。

　ここで登場する「商品」や「原材料」「仕掛品」ですが、これらは何のために存在するのでしょうか。事業活動における「商品」の存在意義は、誰かに販売するために製造・生産され、販売する前の「原材料」や「仕掛品」はそれらを保有する企業の価値あるもの(財産)として存在しており、最終的には完成形である「商品」として販売することになります。

　より平易な言葉で「商品」「原材料」「仕掛品」といった「在庫」を定義すると、「将来、第三者へ販売することを目的として、会社が倉庫などの場所で保管しているモノ」となります。ただ原材料・仕掛品については、それら単体では販売できないものになります。そのため、最初に「将来」という言葉を付けているので、注意してください。

　ここからは、この定義に従って詳細を確認していきます。

定義の詳細①：将来、誰かに売るモノであること

　在庫とは「将来、第三者へ販売」すると述べました。繰り返しになり

ますが、「商品」はもちろん、仕入先から購買した「原材料」や生産途中の「仕掛品」も在庫の対象になります。なぜなら、これらも**将来誰かに販売されるため、価値あるもの**だからです。在庫管理システムおよび付随する関連システム上では、完成品としての「商品」だけでなく、「原材料」や「仕掛品」もすべて在庫とみなし、それらの数や量、金額を正確に把握することになります。

　反対に、自社で保有しているものだとしても、販売目的として保有していないものは在庫として扱いません。たとえば、事務所で使用するために購入したコピー用紙や筆記用具といった消耗品類は在庫ではありません。また、開発や営業活動に使用する目的で購入したコンピュータ端末なども同様です。目的が販売目的でないものは備品という扱いになり、在庫としては計上しません。

定義の詳細②：会社が倉庫などの場所で保管対象として扱っていること

　次に、「会社が倉庫などの場所で保管している」についてです。こちらはそのままの意味で捉えてください。基本的に自社所有のモノは事務所や倉庫、管理センターなどのどこかで保管されます。ただそれは、必ず自社倉庫というわけでもなく、委託先の倉庫会社や管理センターのこともあります。状況によっては運搬会社が所有するトラックの荷台に積載されていることもあります。

　気を付けたいのは、このような状態にあるモノも在庫管理の対象になり得る点です。採用する会計基準や社内のルールなどによって少し異なるケースもありますが、基本的には**自社が仕入先から購買し、検品処理を終えたものは在庫対象**となります。したがって、その時点から在庫として管理する必要があります（在庫管理については第3章参照）。

定義の詳細③：実態のある「モノ」であること

　最後に、「モノ」について考えていきます。少し話が逸れてしまいますが、営利目的の民間会社はモノの販売、サービス提供などを通じて利益を創出します。モノの販売とは、エアコンや冷蔵庫といった家電のほ

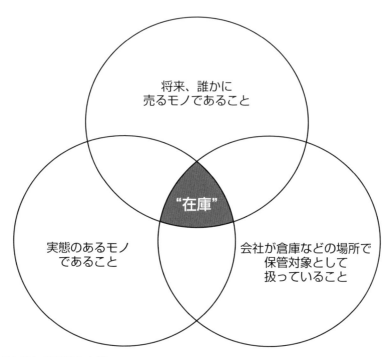

◆「在庫」の明確な定義

か、ソファやテーブルといったモノを指します。サービス提供とは、税理士事務所との顧問契約の中で毎月依頼する記帳作業や確定申告書類の作成サービスを指します。これらは基本的には実稼働に対し、サービス料を払う形式が多いでしょう。本書が対象としているのは、前者のモノの販売になります。後者のサービス提供の大半は在庫という概念を持たないため、本書では対象としないので注意してください。

　以上、本書ではこれら３つの観点から在庫を定義付けしました。「将来、誰かに売るモノであること」「会社が倉庫などの場所で保管対象として扱っていること」「実態のあるモノであること」です。これらすべての条件を満たすものを本書では「在庫」として扱います。

さまざまな在庫の意味とサプライチェーン

　前項では、一般論としてどのようなモノを在庫として呼ぶのかについて説明しました。しかし、実際の在庫実務では、業界・業種によって若干の違いや捉え方が異なる場合があります。そこで次節では、業界ごとの細かな在庫の意味合いについて触れたいと思います。具体的な在庫のイメージをつかむことで、現在携わる在庫管理システムの完成形のイメージやシステムの組み方がより鮮明に理解できるからです。

　また先ほどの説明の中で、在庫とは実態があり、将来、誰かに売るモノと説明しました。モノを売る中では、「商品を製造・生産するための原材料を調達し、それに対して何らかの付加価値を載せ、それを欲している人に販売する」という一連の流れが起きます。一般的にはこのような流れを**サプライチェーン**と呼びます。このサプライチェーンは、製造業、卸売業、小売業、運搬業、さらにはその裏でモノとお金を紐付ける会計が深く関連してきます。次節では、サプライチェーンの観点から見た在庫の意味についても解説していきます。

在庫に関する基礎知識（1）
製造業における在庫の意味

在庫はどのように分類され、サプライチェーンの中でいかに関連し合うのか？

それぞれの在庫が持つ具体的な意味

　在庫の分類をしっかりと理解することは非常に大切です。これを混同してしまうと、在庫管理システムに不適合箇所をもたらしてしまいます。本項では、それぞれの在庫の意味を確認したいと思います。

原材料（部品を含む）

　仕入先に発注し、仕入れるものになります。原材料に付加価値を与えることで最終的に商品ができ上がります。ここでの付加価値とは、製造・生産工程で行われる加工・組立て・切削などを指しています。

仕掛品（半製品）

　仕掛品とは、**原材料と製品の間の状態のもの**を指します。仕掛品は、企業によっては仕掛品と半製品に分類し、管理します。仕掛品と半製品の違いですが、仕掛品は単独で販売できない状態の未完成品を指しますが、半製品は既に加工・組立て・切削などの工程を経て販売できる状態にあるものの、最終製品（商品）として何らかの基準を満たしていないものを指します。

　企業によって仕掛品、半製品の区別の仕方は異なりますが、一例を挙げると、炭酸飲料水を生産・製造している工場で、ペットボトルに詰められた炭酸飲料水にラベルが添付されていないような状態のものを半製品として取り扱います。ラベルが貼られていないので商品としては扱えないものの、炭酸飲料水としては販売可能な状態なので、仕掛品としてではなく、半製品扱いになるのです。他方、仕掛品は生産途中の段階で未完成状態の製品を意味しており、両者には明確な違いが存在します。

商品

　商品とは、**生産・製造活動がすべて完了し、消費者に販売できる状態になったもの**を指します。原材料、仕掛品は工場の中に閉じた話でしたが、商品と呼ばれるモノは実店舗やECサイト上に並び、消費者が注文すると手元に届くものを指しています。

製造業における在庫

　製造業の在庫とは、まさに**付加価値を提供する過程に存在するもの**です。原材料として仕入れたものが製造・生産工程の中で付加価値を持ち、最終的に消費者に販売する商品となります。詳細は後述しますが、製造業における在庫は大きく原材料（自動車業界などにおいては部品などを含みますが、ここでは原材料という言葉にまとめます）、仕掛品、半製品、商品に分類できます。在庫管理システム上、これらの原材料、仕掛品、半製品、商品は明確に分類されますが、それぞれが密に関連し合っています。

　たとえば、販売部門から「商品在庫が不足している」と報告を受けた場合、その前工程である仕掛品、半製品の在庫状況、生産状況を確かめて、製造・生産部門に仕掛品の完成を急がせる必要があります。在庫切れや欠品の事態を招くと、その会社は機会損失を生むことになるからです。他方、仕掛品の在庫が不足している場合には、生産に供する原材料が不足している可能性があります。そのような状況においては、購買部門に原材料の在庫状況、仕入状況を確かめる必要があります。

　原材料、仕掛品、商品は部署によって取り扱いが異なるものの、一連のサプライチェーンの中で密接に絡み合っていることを理解する必要があります。次ページの図は製造業における原材料、仕掛品、半製品、商品の意味をまとめたものです。なお、本項では半製品について触れていますが、実務上半製品が使用されることはそこまで多くはないので、次項以降は原材料、仕掛品、商品に絞って説明することにします。

原材料

・完成品を作る元となるもの。発注先から仕入れる
・通常、原材料は加工・組立て・切削などの工程を経るもので、そのまま販売に供したりはできない

仕掛品

原材料を使って、完成品を作る途中の成果物（仕掛中のため、そのままの販売は不可能）

半製品

仕掛品の中でも、製品として販売可能なもの

商品（完成品）

お客様へ販売するもの

顧客、店頭／ECサイト

◆製造業における原材料、仕掛品、半製品、商品の意味

小売業、卸売業における在庫の意味

　製造業以外にも在庫を抱える業界・業種は存在します。ただ少し在庫の扱いが変わってきます。小売業、卸売業では、製造業とは異なり、**完成品（商品）のみを在庫として取り扱う**ことになります。

　在庫の対象が異なる理由としては、小売業、卸売業は製造・生産を主

目的として事業活動を行っていないからです。小売業は他社から購入した商品（完成品）を最終消費者に販売することを目的としており、卸売業は製造業から商品を仕入れた後、小売業へ仲介することを目的として事業活動を行っています。

製造業と比較するとサプライチェーンがとてもシンプルになりますが、その一方で管理対象の品目が多くなります。また注文やキャンセルなどによる在庫の増減も激しいので、管理という意味では製造業よりも煩雑（はんざつ）になる可能性が高いです。**小売業や卸売業では商品のみを在庫として扱うものの、品目が多いこと**をしっかりと理解しておきましょう。

それ以外の業界における在庫の意味

ここまで、製造業、小売業、卸売業における在庫の意味について触れました。これらの業界以外にも在庫を持つ業界はありますが、製造業や小売業、卸売業と類似する点が多く、在庫管理の観点から見てもそれほど重要性は高いものではありません。

いくつか例を挙げると、土木・建設業においては工事現場を工場、引き渡し（販売）前の建設物を仕掛品と考えるので、製造業と考え方はさほど変わりません。飲食業も同様です。食材を原材料、調理した料理を商品と捉えると、小さな製造業としてたとえることができるでしょう。ファッションブランドなどを取り扱うアパレル業は季節やトレンド動向が激しいものの、在庫管理の観点から見れば小売業と概ね違いはありません。製造業、小売業、卸売業における在庫の意味合いをしっかりと理解すれば、その他の業界・業種の在庫管理も取り扱うことができるのです。

2-3 在庫に関する基礎知識(2) 会計管理上の在庫の扱い

在庫は売上や売上原価に含めず資産として分類する理由

会計管理にとっての在庫の意味合い

在庫と会計は切っても切り離せない関係にありますが、意外とそのことを知らない人は多いです。適正在庫を目指すと同時に、密接に関連し合う会計管理システム上で正しく在庫の会計処理を行わないと大きなトラブルを招くことになるので、それぞれの関係性についてしっかりと理解しましょう。

前述のように、在庫とは「将来、誰かに売るために会社が倉庫などの場所で保管しているモノ」を意味します。会計管理上、将来会社の利益になり得る在庫は**棚卸資産**という呼び名で扱います。呼び名が異なるだけで、在庫とほとんど同じ意味で使われるので、そこまで深く考える必要はありません。

会計上の売上、売上原価と在庫の関係

通常、営利を目的とする株式会社は売上、利益を上げるために事業活動を行います。また毎年稼いだ売上、利益を**決算書**と呼ばれる会計書類にまとめ、国に報告する義務があります。売上のみの計算ならシンプルですが、利益はどうでしょうか。1年間の利益を算出するためには、その期間に発生した**売上原価**を求めなければなりません。売上原価は、業界・業種によって少し考え方が異なるのですが、製造業の場合ですと、商品の製造・生産にかかった原材料費、加工費、人件費、工場の賃借料などが該当します。これら1つひとつを積算し、集計する必要があるのです。

ただ集計しただけでは作業は終わりません。会計管理上、売れ残っている在庫の原価は売上原価に含めてはいけないからです。1年間を365

日としたとき、365日の翌日に倉庫や管理センターに残った商品は売上として計上されていないので、売上原価からも除外する必要があるのです。売れ残った在庫は売上も売上原価も計上せず、その分の在庫は**期末棚卸資産**として扱うことになります。会計に関する専門的な内容になるので、売上、売上原価、そして在庫の関係は第8章でより詳しく説明します。

貸借対照表での在庫

別の観点から在庫について考えてみます。前述した決算書を構成する1つに**貸借対照表**というのがあります。貸借対照表については8-1で詳しく説明しますが、平たくいうと、その会社の財政状態を明らかにするために作成するものが貸借対照表です。

貸借対照表の中には、会社が保有する**資産**、**負債**、**純資産**の状態が載っています。資産とは、現金預金や受取手形、**売掛金**、貸付金、有価証券、商品といった会社が保有する財産を、負債とは、買掛金や支払手形、借入金といったその会社の債務状況を、最後の純資産は、その会社が毎年稼いだ利益剰余金や設立時に投資した資本金などを意味しています。

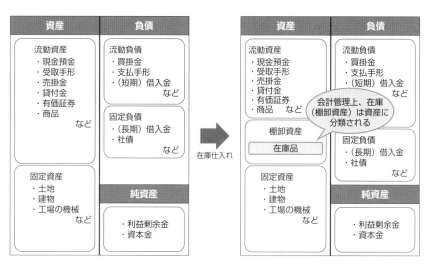

◆貸借対照表上の在庫の位置付け

貸借対照表上、在庫つまり棚卸資産は資産に分類されることになります。

　既におわかりの人もいるかと思いますが、在庫は将来第三者に販売され、その対価として現金を受け取ることになります。つまり、**会社にとって在庫は価値あるものなので、資産に分類される**のです。前ページの図は、貸借対照表上の在庫（棚卸資産）の位置付けを表したものです。貸借対照表は、黒い太線またいで左側が資産、右側の上部分が負債、下部分が純資産の構造をしています。

第**3**章

在庫管理の目的

3-1 在庫管理とは?

製造業や小売業、卸売業はなぜ複雑で大変な在庫管理に注力するのか?

在庫管理の定義

前章では、在庫管理システムを理解する前段として、在庫そのものについて詳しく説明をしてきました。本節では在庫管理について説明します。

復習になりますが、本書における在庫の意味は「将来、第三者へ販売することを目的として、会社が倉庫などの場所で保管しているモノ」として定義付けを行いました。完成品としての商品はもちろん、今後加工や組立て、切削といった工程を経て完成する商品の構成要素、原材料もこの在庫という概念に含まれます。

在庫管理とは、**それら在庫の品質低下および機能不全の防止を図るとともに、それらにかかる費用を最小限に抑制し、販売部門や生産部門といった他部署から要求される入出庫管理を適切に行うこと**を指します。簡潔な表現をすると、在庫管理の意義は保全管理と適正在庫管理の2つに分かれ、そのうち昨今では後者の向上を目指した動き、つまりはシステム投資やAI技術の導入や応用が進んでいます。

保全管理

適正在庫管理

システム投資や
AI技術の導入・応用など、
向上を目指した動きが活発

◆在庫管理の2つの意義

在庫管理の目的

　製造業や小売業を中心として、在庫を抱える企業が在庫管理に注力する最大の目的は、「必要となる原材料や商品を、必要なときに、必要な量を、必要な場所へ供給できるようにすること」です。本項では、企業の事業活動において、なぜ在庫管理が重要なのかについて具体的な事例を交えながら説明していきます。

　まず、適切な在庫量を維持できなかった場合、企業の事業活動にどのような影響が生じるか考えてみましょう。消費者側の需要に対して手元にある在庫が不足している状況では品切れや欠品といった状態に陥り、機会損失を生むことになります。一度だけならまだしも、そのような事態が何度も続くようだと、消費者は競合他社の商品に流れてしまうかもしれません。結果として、売上や利益の減少を招くことになります。

　次に、消費者側の需要以上に大量の在庫を持つ場合はどうでしょうか。この場合、品切れや欠品といった機会損失を生むことはなさそうです。しかし、在庫を管理するためには、倉庫や管理センターといったスペースが必要になるので、保管費用がかかります。また倉庫や管理センター内で働くスタッフの人件費、つまりは管理費用も膨らむことになります。

　在庫によっては経年劣化を起こし、廃棄しなければならないことも考えられます。事業活動上発生したごみは家庭のごみのようには処分できません。廃棄業者に依頼し、お金を払って処分することになります。

　また、在庫は厄介なことに法人税等の納税額を膨らませる可能性を秘めています。2-3でも触れましたが、会計管理上、売れ残っている在庫の原価は売上原価に含めることはできません。売上原価に含めないということは、経費が小さくなることを意味します。法人税等は、売上から売上原価を含む経費を差し引いた利益に対し、税率を乗じて算出されます。経費が小さいと利益が大きくなり、法人税等の納税額が大きくなります。スーパーや百貨店といった小売業の多くが、年末や年度末などに決算セールを実施する背景には、手元在庫を処分し、売上原価の金額を膨らませることで節税を図ろうとしているのです。

このように、消費者側の需要に対し、過剰在庫の状態が慢性的に続くと、保管費用や管理費用、在庫によっては処分費用、状況によっては法人税等の納税額を増やす可能性があるのです。

　在庫は過不足を起こすと何らかのコストを生む可能性があります。そのため、「**無駄な在庫は抱えず、その上で消費者が購入したいときには手元在庫が即座に出庫できるように準備しておく**」ことが重要なのです。

保管費用　　　　管理費用　　　　処分費用　　　　納税額

◆過剰在庫がもたらすコスト

在庫管理を実現するために必要なこと

　適正在庫管理を実現するためにはいくつかの段階を踏まなければなりません。第1段階としては、**現在の在庫状況を正確に把握する**必要があります。そのために在庫に関連する部門、つまりは生産管理部門や販売管理部門、購買管理部門、会計管理部門、原価管理部門との連携が必要不可欠です。

　販売管理部門では、消費者や得意先の注文に対し、即座に商品を販売・配送できるのか、現在の体制や手元商品の在庫量を確認する必要があります。購買管理部門では原材料の手元在庫量を把握し、生産管理部門の指示に従ってそれらが適切に出庫できているか、過不足がないかを確認します。生産管理部門では、商品の在庫状況を踏まえた生産計画の立案や適正量の出庫が実現できているか、確認が必要でしょう。会計管理部門や原価管理部門では、原材料および商品の入出庫量と金額を適切に把握し、数値を扱う専門家の見地から各部門での在庫受け渡しの滞りや摩耗、減耗といった在庫ロスが生じていないかを適切に管理する必要があります。

　こうして在庫状況の正確な把握ができた後、第2段階に入ります。ここでは、**将来時点の在庫量の予測**を目指します。将来あるべき在庫量を予測することで、現時点でどの程度の手元在庫を持つべきか、判断に活かせるからです。また、消費者や得意先から受ける納期の確認依頼に対しても正確な回答を提供できるようになり、追加発注や新規顧客の獲得といったプラスな影響を生むことにつながります。

　これらの段階を経て、はじめて適正な在庫管理の体制が実現します。「第1段階を飛ばして第2段階で説明した将来時点の在庫量を予測したい」というお客様も少なからずいますが、これはお勧めしません。現状把握ができない状態では、将来の需要予測はできるはずがないからです。結果、予測精度の低さが過剰在庫や欠品といった事態を招くことにつながり、会社に大きな損失を与えかねません。**正確な在庫状況の把握ができてこそ、将来予測の価値が発揮されるのです。**

▌在庫管理のレベルを1段階向上させる方法

　第1段階の現状把握、第2段階の将来予測は、現在と未来の在庫に関しての管理を意味します。第1段階の現在と第2段階の未来の在庫を適切に管理、予測できた後に目指す姿は**過去の在庫データの有効活用**です。

　ただし、第3段階を目指すためにはさまざまな制約条件をクリアする必要があります。たとえば、過去の在庫管理データはその名の通り過去のものになるので、在庫管理システム構築時のサーバーやデータベース設計、テーブルの組み方によって取得できていないケースが考えられます。その場合にはデータベースの再設計とプログラムの再開発作業が必要になります。また、業界・業種によっては過去の在庫データがほとんど役立たないケースもあります。たとえば、得意先が決まっており、毎月決められた個数の在庫を出庫している業者などがそれに該当します。第3段階を考える上では、こうしたことを踏まえておく必要があります。

　それでは、第3段階について見ていきます。過去データは、過去の入出庫情報だけを指しているわけではありません。毎日の天気情報や交通情報、株価情報、トレンド情報、SNS上の情報なども含まれます。

SNS情報は一部例外がありますが、これらは過去情報なので確定した情報といえます（代表的なグローバルSNSの1つ、Twitterの中には「いいね」や「リツイート」といった日々変動する情報も含まれるので、このような記述としました）。これらの過去情報を有効活用するのが第3段階の在庫管理を意味しています。

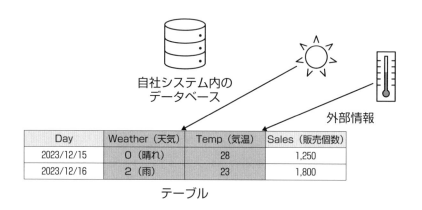

◆過去の天気情報を有効活用できる例

　具体例を1つ挙げてみます。オフィスビルなどでお弁当を販売する業者は、その日の天候の影響を大きく受ける業態の1つです。雨の日はオフィスで働く人たちは外に出るのを嫌がり、オフィスビル内で販売されているお弁当を購入する人が多いです。一方、晴天の場合はオフィスビルから少し離れた近隣のレストランや定食屋に行く人が増え、お弁当の販売数は減ることになります。もしお弁当の販売数がその日の天候から影響を受けるのなら、そのような過去データは大きな価値を持つといえます。

　また過去データを第1段階の現在情報と第2段階の未来情報に掛け合わせることで、より精緻な需要予測、そして適正管理を実現できます。最近では、天気情報も**API**（Application Programming Interface）を通じて機械的に収集可能になりました。天気情報もそうですが、**自社の事業活動に影響のある外部情報をしっかりと理解し、それらを自社のデータ**

ベースやテーブル上にしっかりと蓄積・管理することで、在庫管理システムはさらなる成長を遂げるのです。

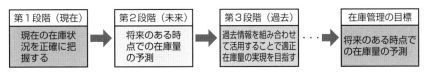

◆在庫管理のレベル

在庫管理方式と
それぞれのメリット

複雑化する在庫管理方式。それぞれの仕組みと導入メリット

現在の在庫量を管理する方式

あらゆるシステムやアプリケーションの精度は日に日に向上し、多額の研究開発投資によってかなりの正確性、迅速性を兼ね備えるようになりました。しかしながら在庫管理業務においては、一部の最先端技術の

◆在庫量の管理方式一覧

管理方法	バーコード方式	2次元バーコード方式	RFID方式	画像認識方式	手動（Excel、紙など）
管理方法	商品を識別するバーコードを用いた管理方法	2次バーコード（QRコード）を使用した管理方法	RFIDを使用した管理方法（Suicaなどの交通系ICカードなどに使用されている技術）	画像認識を使った管理方法	簡単な電子アプリ（Excel）や紙媒体を使用して、都度手動で入力する管理方法
特徴	・自動認識技術の中では、導入コストが比較的安い ・読み取りスピードが速く、誤認識が少ない	・バーコード方式の10倍もの情報を持つことが可能 ・あらゆる方向からの読み取りが可能 ・多少の汚れや破損があった場合でも情報の復元性に優れる ・iPhoneやiPad、Android端末のカメラ機能を利用して読み取ることができる	・RFタグ（ICタグと同義）に記録されたデータを電波を使って非接触で読み取り ・電波により同時に複数のタグをスキャンすることが可能	・管理対象に何かを付与する必要がない（バーコード、2次元バーコード） ・まだ発展途中の技術。海外では導入展開が進むが、日本では実導入事例はそこまで多くない ・カメラ設置のレイアウトや在庫品を陳列する際に注意が必要	・事前の準備は最低限で導入することが可能 ・管理対象が少ないときや、お試しで在庫管理を実施するときなどには有効 ・管理対象が多くなると、本方式で管理するのは不可
導入のしやすさ	△	○	△	×	◎
効果	△	○	○	◎	×

活用事例を除いて、人的作業の完全なる代替が難しく、現代ビジネスにおいてもまだまだ課題が残されています。

　ここでは、現在時点の在庫量を管理する方式に目を向け、それぞれのメリット、デメリットを比較します。前ページの表は、在庫量の管理方式をまとめたもので、それぞれの方式の特徴や導入のしやすさ、期待される効果を示しています。それぞれについて詳しく見ていきます。

バーコード方式

　まず、日頃から親しみのある**バーコード方式**です。これは線の太さや隣り合う線との間隔の組み合わせをセンサーが認識し、システム上に情報を蓄積する方法です。自動認識技術の一種で、導入コストも他の方式と比べて安価であり、さまざまな業界・業種で利用されています。読み取りスピードも速く、誤認識が少ない点がバーコード方式の最大の強みといえるでしょう。

　よく目にするバーコードを読み取る機器は**バーコードスキャナー**と呼ばれるものですが、在庫管理では**ハンディーターミナル**（業務用端末：HT）などの専用機器を用いて読み取ることにより、製品の情報を手間なく正確に把握できます。最近の物流では、Eコマースの発展などによ

バーコードスキャナー

ハンディーターミナル

◆**バーコード方式に使用する専用端末**

って、より多くの商品を迅速に取り扱う必要があり、このような自動認識技術の導入と展開を行わないと、在庫管理実務を回せない状況にあります。

　バーコードは複数の種類が存在します。それぞれの概要について、下表にまとめます。

◆バーコードの種類

名　称	読み方	シンボル	文字の種類	特　徴	表現できる桁数
JAN	ジャン	4 912345 678904	数字（0〜9）のみ	・流通コードとしてJISにより企画化されている ・ヨーロッパのEAN、アメリカのUPCと互換性あり	13桁または8桁
ITF	アイティーエフ	1234567890	数字（0〜9）のみ	・同じ桁数なら他のコードに比べて、バーコードの大きさを小さくできる ・在庫管理に向いている	偶数桁のみ
CODE39	コード39	CODE 3 OF 9	数字（0〜9）アルファベット大文字記号	アルファベットや記号が扱えるため、品番などの表現ができる	自由
NW-7	エヌダブリュー7	A12345B	数字（0〜9）記号	いくつかのアルファベット、いくつかの記号が表現できる	自由
CODE128	コード128	Code 128	数字アルファベット記号	・あらゆる種類の文字が扱える ・数字のみで表すなら最もサイズが小さくできる	自由

　ここでは在庫管理に関連するバーコードについて説明します。最も一般的なバーコードは**JANコード**（ジャンコード）と呼ばれるもので、上表のシンボルの列を見てもらうとよくわかるかと思いますが、バーコードの下に13桁や8桁の数字が記載されているものになります。各数字には意味があり、国番号や事業者、商品コードを表しています。世界共通

44

規格であり、国、メーカー、商品といった情報を取り扱えることから、在庫管理や売上管理などに活用されています。

また、バーコードにはいくつかの種類が存在します。在庫管理関連でよく使用されるバーコードとしては**ITF**（アイティーエフ）が挙げられるでしょう。ITFは主に、梱包用の段ボールに印刷されているもので、物流業や倉庫業などの段ボール単位での入出庫管理、棚卸管理などによく使用されています。

2次元バーコード方式

2次元バーコードは、バーコードと同様、自動認識技術の一種になります。バーコードは13桁や8桁など縦方向のバーだけで構成されるコードでしたが、2次元バーコードは縦方向と横方向で情報を構成しています。そのため2次元コードの場合、バーコードの10倍近くの情報を持たせることができます。

また、あらゆる方向から読み取りが可能なため、多少の汚れや破損があっても問題ない点が強みです。在庫管理業務においては、製造年月日やロット番号などさまざまな情報を取り扱うことになるので、バーコード方式よりも2次元バーコード方式のほうが有効といえるかもしれません。

さらに、2次元バーコード方式は読み取り方法についてもメリットがあります。バーコード方式では専用のスキャナーやHTが必要でしたが、2次元バーコード方式ではiPhoneやiPad、Android端末のカメラ機能を利用して読み取りが可能なため、比較的簡単に導入することができます。

RFID方式

RFIDとは、Radio Frequency Identificationの頭文字を取ったもので、電波を用いてICタグの情報を非接触で読み書きする自動認識技術の1つです。Suicaなどの交通系ICカード、IC系キャッシュカード、マンションのオートロックに利用されている技術もRFIDの一種になります。バーコードや2次元バーコードが1つずつ読み取るのに対して、RFID

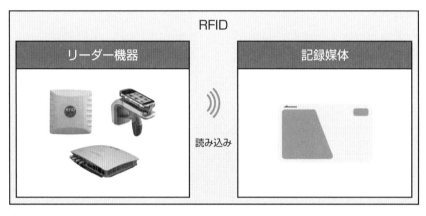

◆RFID方式の読み込みイメージ

は電波を利用して複数のICタグを同時にスキャンすることが可能です。そのため、複数の在庫が段ボールやコンテナ内にまとめて梱包されて保管されていても、それらを開封することなく、一度にまとめて読み取ることができます。また、ICタグがスキャン可能な状態の位置にあれば常時データの読み取りが可能になるので、スキャン作業自体を自動化することも可能です。

画像認識方式

　画像認識技術は日に日に発展しています。在庫管理業務においても、これを取り入れた仕組みやサービスが増えつつあります。一例を挙げると、天井や壁に設置されたカメラやセンサーを介して撮影した画像（映像）を解析し、種類ごとの在庫数量を自動認識し、残りの在庫数をリアルタイムに算出できます。またアメリカや中国などでは、在庫管理担当者自身が撮影した画像から在庫の商品名や商品点数を認識する技術も登場しており、今後ますます在庫管理のあり方が変化するでしょう。

　画像認識方式の最大の特徴は、バーコード方式や2次元バーコード方式と比べて、管理対象である在庫に何かを付与する必要がない点、そしてRFID方式のようにICタグの煩雑な設置と運用が不要な点です。その一方、まだまだ発展途上の技術ということもあり、精度の高いものにな

ると、導入コストや維持運用コストが高くなります。

　また画像認識方式を導入するためには、カメラやセンサーの設置が必要になります。倉庫や管理センターのレイアウト、在庫の大きさや配置によっては、天井や壁にカメラやセンサーをうまく取り付けられないケースもあります。無理矢理設置を行うと、カメラやセンサーの位置が悪く、在庫の状態や在庫数量を適切に計算できない可能性もあるので、注意が必要となります。また、段ボールに入っているなど梱包されている状態では処理ができないので、現状の在庫管理業務オペレーションを考慮した上で画像認識方式の導入が可能かどうか判断する必要があります。

現在在庫量の把握

企業が適正在庫管理に課題を抱える理由とその対処法

正確な在庫量把握の必要性

現在の在庫量を把握する必要性は3‑1でも触れました。現在時点の手元在庫量を正確に把握できていないと、入出庫量の情報がいくら精緻なものであっても在庫量は不一致を起こすことになります。また、このような由々しき事態は発注作業にも影響を与えます。会社によっては、過去の発注実績値をもとにして将来の発注量を決めているところもあり、手元在庫量の計算に誤りがある場合にはその発注量にもズレが出てきてしまうのです。

そのため、現在在庫量を正確に把握することは、未来の需要予測以上に正確性が求められますし、適正在庫管理を実現するためには最初に取り組む必要があるのです。システム上や帳簿上の在庫量と実地在庫量に大きな差異が発生している場合には早急に対処するようにしましょう。

正確な手元在庫の把握を阻害する原因

在庫管理の実務上、手元在庫量の管理に注力していても、どこかでズレが生まれるときがあります。小さいズレならまだ良いのですが、時折予期せぬタイミングで予期せぬ大きなズレが発生すると、在庫管理担当スタッフ総出で原因究明にあたる必要が出てきます。とりわけ、決算期の期末棚卸を行う際、在庫管理システム上の在庫量と実地在庫量に大きな乖離が発生する場合がそれに該当します。

このような大きなトラブルを招く可能性がある手元在庫量のズレはどこから生まれるのでしょうか。これらは主として在庫管理の前後工程に位置する「**入庫時**」と「**出庫時**」に発生します。

入庫時に在庫不一致が起きる理由

前述の通り、「入庫時」に在庫量の不一致が起きやすくなります。具体的には、次のようなケースで在庫量の不一致が発生します。

・単純な在庫量の数え間違い
・発注ミスから派生する在庫量の計算誤り
・入庫に関する運用規程の理解不足

それぞれについて詳細を見ていきましょう。

単純な在庫量の数え間違い

倉庫や管理センターに届いた在庫は、入庫予定一覧表などと照合しながら確認します。その入庫予定一覧表上、届く在庫の詳細が具体的に明記されているようなら入庫不一致のトラブルを防ぐ1つの歯止めになるのですが、すべての会社がそのような状況にあるとは限りません。また在庫管理の実務上、簡単な目視確認だけで入庫量の確認作業を済ませている事業者も多数存在します。それらの積み重ねにより、日に日に手元在庫量のズレは膨らんでいくのです。

発注ミスから派生する在庫量の計算誤り

発注時にミスがあると、過不足をはらんだ状態で在庫が入庫することになります。その際、連絡票などを介して購買管理部門とうまく連携できれば良いのですが、数量の大小によってはそのような作業を後回しにすることも考えられます。塵も積もれば山となるという言葉があるように、1日10個の計算誤りを毎日1回繰り返すと3,500個以上の在庫不一致を招くことになります。計画していた入庫量から過不足が発生する場合には後回しにせず、しっかりと関連部署とやり取りし、在庫管理システム上の数値反映も怠らないことが大切です。

入庫に関する運用規程の理解不足

　入庫した在庫を検品した結果として、不具合などを理由に返品になることも多々あります。そもそも注文した商品ではない異なる商品が届く場合や、運搬中のトラブルにより破損した商品が届くことも十分にあり得るでしょう。そのような事態において、在庫管理担当スタッフが運用規程をしっかりと理解していない場合や、そもそも運用規程が未整備・形骸化している場合、在庫管理システム上の数値はスタッフの判断やシステム操作によって徐々にズレを生み、実地在庫量の数値から乖離していくことになります。

出庫時に在庫不一致が起きる理由

　前項では入庫時に在庫不一致が起きる理由を詳しく見てきました。ここでは、「出庫」時点に目を向け、在庫不一致が起こる具体的な理由を説明します。具体的には、次のような原因で在庫不一致が発生します。

・ピッキング、梱包時のミス
・出庫に関する運用規程の理解不足

　それぞれについて詳細を見ていきましょう。

ピッキング、梱包時のミス

　出庫の際に不一致を起こす最も大きな原因としては、ピッキングや梱包時のミスが考えられます。ピッキング時に数量を誤るケースや類似する商品と間違えて梱包してしまうといったケース、反対に適切な数量の商品を梱包し、出庫準備をしていたにもかかわらず、出庫情報のシステム登録を誤り、実地在庫量と在庫管理システム上のデータに差異が生まれることも実業務では往々にして発生します。

　出庫する際の検品作業において、商品の破損や摩耗が発生し、その際の出庫量を減らす手続きや処理が適切に実際されていない場合、手元在庫量の不一致を招くことになります。

出庫に関する運用規程の理解不足

　入庫時と同様、出庫時においてもさまざまなトラブルが発生します。具体例を挙げると、本社の上層部からの指示によって急遽必要となった商品を、在庫管理担当以外のスタッフが倉庫から勝手に取り出した（出庫させた）とします。話をわかりやすくするために、ここでは営業部のスタッフが持ち出したとしましょう。

　事業部制が機能する会社では通常、在庫管理システムの利用者は在庫管理担当、生産管理システムの利用者は生産管理担当という形でシステム利用権限の設定がなされており、権限を持たない担当者はそのシステムに接続できません。つまり、実際に倉庫から商品を持ち出した営業部のスタッフは在庫管理システム上で出庫処理を行えないことになります。結果として、実地在庫量は減少したにもかかわらず、在庫管理システム上の在庫量は減らないので、乖離が発生することになります。

　企業の事業活動においては、得意先へのサンプル配布、試用品提供といったことが度々発生します。在庫管理担当者以外のスタッフが在庫を必要とした際に、どのような経路で申請を行い、どの担当者が回覧先になり、最終的には誰が承認するのか、運用規程上に明文化し、全社的な理解浸透が必要になってくるのです。

　あらゆるパターンを網羅した運用規程、ルール策定は非常に難しいものです。時間や労力を必要とする上、一部門だけが躍起になって動いても解決できるものではありません。基本的にはトップマネジメント層が問題意識を持ち、総務部や人事部といったバックオフィス系の部署と連携し合い、トップダウン形式で規程作成または規程見直しを行う必要があります。このような運用規程やルールは、在庫管理システムとも関連し合うので、現行の規程上、何か大きな問題点を抱えている場合には、エンジニアの視点から意見を発信することも重要です。

入出庫作業におけるミスを防ぐ術

　企業の在庫管理実務においては、想像し難いほどの膨大な品目、量の在庫を扱うことになります。品目や総量が増えれば増えるほど、在庫管

理の複雑さや煩雑さは増していきますが、それと同時に在庫管理システムの存在意義も高まるものです。

　在庫管理システムの存在意義とは、在庫管理業務におけるミスやトラブルを防止し、業務の精度向上、業務効率化を達成することにあります。前述のように、入出庫は人的作業を伴うものが多いです。人の介在が多いほどミスやトラブルは起きやすくなります。だからこそ在庫管理システムを担当するエンジニアは、「**どの部分がシステム化可能でどの部分は人的作業として残すべきなのか**」をしっかりと考える必要があります。

　また人的作業を残す場合、**それらが生み出す潜在リスクを洗い出し、お客様に事前に伝えること**が重要です。必要に応じて運用規程やルールにも関与する必要があります。要望通りに作るだけではより良い在庫管理システムは作ることができません。常にお客様や現場目線に立ち、さまざまな角度から一社一社の適正に合致したシステムを定義、設計していく必要があるのです。

第 4 章

在庫管理の中核となる
発注管理機能

発注管理方式とその特徴

企業が採用する発注管理方式の基本を理解し、それぞれの特徴をつかむ

発注管理の意義

在庫管理の中核的な業務の1つに**発注管理**があります。ここでの発注とは、**商品や原材料などを注文すること**を意味しています。この発注ですが、企業によっては原材料の発注管理は購買管理部門で行い、完成品としての商品、つまり在庫の発注管理は在庫管理部門というように、役割を分担している場合があります。購買管理部門では基本的には対外的な原材料の調達を行い、在庫管理部門では社内で生産された商品を取り扱う点に相違点があります。本書においては、第7章で購買管理システムについて解説しているので、役割分担を明確に行っている企業を前提として話を進めていきます。

前述の通り、在庫管理部門が適切に機能していない場合、企業はさまざまな不利益を被ることになります。欠品・品切れの状態は、得意先や消費者による購買意思決定の喪失につながります。他方、過剰在庫を抱えると、倉庫の管理費や人件費、税金の負担増を引き起こします。**在庫管理部門が適時適切な発注管理対応を行うことで、このようなリスクを防止できる**のです。本章では、在庫の特性に合わせた各発注方式について説明します。

発注管理方式の概要

前述のように、在庫管理部門のミッションの1つは適時適切な在庫量を維持することにあります。必要な在庫量を必要なときまでに、必要な分確保する必要があります。必要な在庫を予測する方法については3-1で説明しているので、本節においては在庫量を適切に維持・管理していくために使用される発注方式について見ていきたいと思います。

　発注管理の大きな考え方としては、「**発注タイミング**」と「**発注量の計算方法**」の２軸で分類できます。タイミングは発注作業が定期的に行われるかそうでないか（つまり不定期か）、発注量の計算方法は定量か不定量となります。

　ここでの定量発注方式は、決められた数量を発注することを意味します。他方、定期発注方式は決められた期日に発注をかけることを意味します。発注管理方式は、定量か不定量か、そして定期か不定期かによって決まります。図示化すると次の通りです。

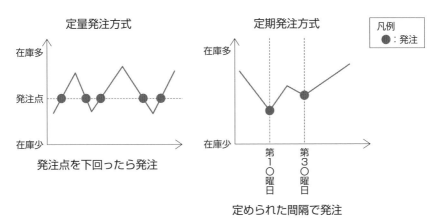

◆**定量発注方式と定期発注方式**

◆**発注管理方式の分類**

		発注量の計算方法	
		定量 （例：いつでも○○個発注）	不定量 （例：その都度、今後必要な個数を計算し発注）
発注タイミング	定期的 （例：第1・第3 ○曜日に）	定期定量 発注方式	定期不定量 発注方式
	不定期 （例：残在庫数 ○個以下で）	不定期定量 発注方式	不定期不定量 発注方式

発注管理方式は、その企業のリスク許容度と適正在庫実現に向けた対応意欲が大きく影響してきます。たとえば、定期定量発注方式を採用した場合、一度決めたら後はすべて同じオペレーションで完結することになります。在庫管理システム上に自動発注機能を組み込むことで在庫管理部門のスタッフは少ない稼働量で発注および管理できるメリットがありますが、その一方で得意先や消費者の需要が減退すると、過剰発注を生み、ひいては過剰在庫の状況を作り出してしまう可能性があります。

　反対に、不定期不定量発注方式を採用する場合、常に在庫量を監視しなければならないので、在庫管理部門が対応しなければならない機会が増えます。また、発注する際も手元在庫量からそのときどきの発注量を算出しなければならないので、定期定量発注方式と比べるとかなり負担が大きくなります。その一方で、市場の変化に対し柔軟に発注量を調整できるので、COVID-19（新型コロナウイルス感染症）のような有事の際に適した管理方式といえます（念のための補足となりますが、有事の際に定期定量発注方式を採用している場合でも、発注間隔を調整することで市場変化に対応させることも可能です）。

　定期定量発注方式はかなりシンプルな方式なので、前述の説明でイメージをつかめたかと思いますが、定期不定量発注方式と不定期定量発注方式、不定期不定量発注方式は、定期定量発注方式よりも少し内容が複雑になるので、次節以降で詳細を説明したいと思います。

定期不定量発注方式

需要予測と組み合わせて発注する方式

定期不定量発注方式の概要

定期不定量発注方式は定期での発注となるため、「毎月15日」などの決まった日付（もしくは期間）に発注する量をその都度計算する方法となります。"不定量"なので、計算方式と在庫状況・出荷量などを鑑みて発注量は変わっていきます。

定期不定量発注方式は、都度発注する量を調整できるので、在庫量と発注量をしっかり管理し、無駄をなくしたいと考えている企業に採用されています。この方式は、必要な手元在庫量が常に一定ではない場合や、在庫維持コストが高い場合に非常に有効です。いくつか例を挙げると、ファッション小売業のように消費者のトレンド変化が激しいものやトレンド変化が読めないもの、市場価格の高い原材料や部品などを使用して作られた商品、陳腐化の速度が速い商品などです。

定期不定量発注方式は、その会社の需要予測の精度によって効果の大小が決まってきます。需要予測は、手元在庫量や最新の発注残数、発注リードタイムと過去の実績値を組み合わせながら最新の出庫予定量を予測するものですが、用いるパラメータ（変数）は会社ごとによってかなりの差が出てくる部分です。ファッション小売業においては、SNSの口コミ情報やトレンド情報を1つのパラメータとして組み込むことも有益でしょう。**定期不定量発注方式を採用している場合、需要予測システムも合わせて導入、強化すること**をお勧めします。

次ページの図は定期不定量発注方式を採用している企業の発注から入庫までの流れを表したものです。毎月15日を定期発注日としています。

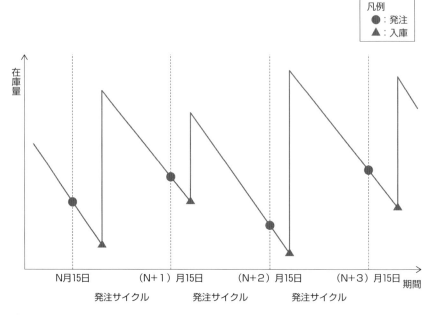

在庫量

N月15日　　　　　　（N+1）月15日　　　　　（N+2）月15日　　　　　（N+3）月15日　　期間

発注サイクル　　　　　発注サイクル　　　　　発注サイクル

◆定期不定量発注方式を採用した場合の発注から入庫までの流れ（一例）

定期不定量発注方式で必要なデータ

　定期不定量発注方式では、①**安全在庫量**と②**発注量**を確認する必要があります。それぞれの計算方法は次の通りです。

①安全在庫量＝安全係数×対象在庫（出庫量）の標準偏差×
　　√(発注リードタイム＋発注間隔)
②発注量＝予測需要量－（在庫量＋①安全在庫量）－
　　（未入庫量－未納入量）

　①安全在庫量とは、商品の需要変化に対応するために必要となる予備（バッファ）の在庫数を意味しています。安全在庫量の計算式に使われるそれぞれの言葉の意味は次ページの通りです。

◆安全在庫量計算式に使われる言葉の意味

項目名	詳　細
安全係数	・欠品許容率（確率）を係数化したもの ・社内の取り決めで「A商品は100回中5回までなら欠品を許容できる」と意思決定した場合、A商品の欠品許容率は5%となる（欠品許容率5%の安全係数は1.65） ・安全係数は簡易的にExcelの関数でも計算が可能 ・安全係数＝NORMSINV（1-欠品許容率）
(出庫量の)標準偏差	・バラつき（分散）具合を見るための数値。過去の出庫量データから日次平均出庫量を算出し、安全在庫の対象となる商品のバラつき具合を求める ・安全係数と同様に、（出庫量の）標準偏差は簡易的にExcelの関数でも計算が可能 ・1カ月の標準偏差＝STDEV（1カ月当たりの出庫量（実績値））
発注リードタイム	・在庫調達までに必要となる日数 ・基本的には発注間隔＋調達期間の日数が発注リードタイムとなる ・発注後、手元に在庫が届くまで10日間かかるのであればその在庫の発注リードタイムは10日間となる
発注間隔	・発注から次回の発注までの間隔 ・発注作業を2週間に一度定期的に実施している場合、発注間隔は14日間となる

①安全在庫量の数値を使って②発注量を計算します。②発注量の計算の中で登場する言葉の具体的な意味は次の通りです。

◆発注量の計算式に使われる言葉の意味

項目名	詳　細
予測需要量	最新の発注分が入庫してから次回発注分入庫までに必要となる想定在庫量
在庫量	発注時に自社内（倉庫・管理センターを含む）に存在する在庫量
安全在庫量	①の計算結果
未入庫量	既に発注処理を終えているものの、まだ入庫していない在庫量
未納入量	既に受注が完了しているものの、まだ出庫できていない在庫量

不定期定量発注方式

発注時期を定めずに、手元在庫量が既定の発注点を下回ったときに発注する方式

不定期定量発注方式の概要

　定期発注方式では発注タイミングを決める要素として時間（期間）を使用していましたが、不定期発注方式では、**発注点**という概念を使用します。具体的には、"在庫数が残り○○個以下になったら発注を行う"というものです。

　なお、定量での発注のため、発注のたびに必要な量を計算するのではなく、あらかじめ発注量は決めておくので、発注時に行う発注量の計算手続きがありません。そのため、発注にかかる手間がそこまでかかりません。一方で、発注する量は定量となるので、市場の変化や得意先からの急な依頼に対しては柔軟に対応できないことがあります。不定期定量発注方式と相性の良い在庫は、安価でかつ需要の変化が少ない商品、たとえばミネラルウォーターや100円均一ショップの一部商品などが該当するといえるでしょう。

　次ページの図は不定期定量発注方式を採用している企業の発注から入庫までの流れを表したものです。前述の定期不定量発注方式と方式名は非常に似ていますが、2つの図を比較すると、それぞれの違いがより明確にわかるでしょう。

　不定期定量発注方式を採用する場合、冒頭で触れた発注点を求めなければなりません。発注点は次の計算式で算出することになります。なお安全在庫量に関しては、4-2で触れた計算式と違いはないので詳しい説明は省略します。

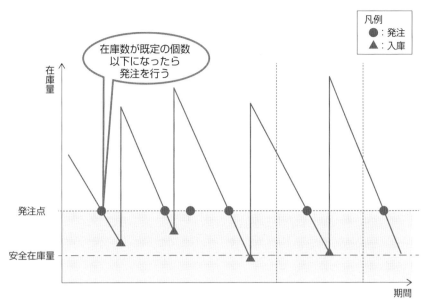

凡例
● : 発注
▲ : 入庫

在庫数が既定の個数
以下になったら
発注を行う

在庫量

発注点

安全在庫量

期間

◆不定期定量発注方式を採用した場合の発注から入庫までの流れ（一例）

②発注点＝（1日の平均出庫量×発注リードタイム）＋安全在庫

発注点の計算式に使われるそれぞれの言葉の意味は次の通りです。

◆発注点の計算式に使われる言葉の意味

項目名	詳　細
1日の平均出庫量	1日当たりの販売量や部品などの使用量
発注リードタイム （調達期間）	商品を発注してから納入されるまでにかかる期間（仕掛け品の発注点の場合、生産着手から完了までの製造期間）
安全在庫	需要変動などにより起こる必要な在庫数の上下に対応できるよう、あらかじめ余分に持つ在庫の量

　上記の通り、発注点は「（1日の平均出庫量×発注リードタイム）＋安全在庫」で求めることができます。仮にB商品の日次平均出庫量が500個、発注リードタイムが10日間、安全在庫が300個としましょう。計算式上の（500個×10日間）は、発注してから手元に在庫が到着するま

での間に出庫される在庫量を指しています。つまり10日間で5,000個が出庫対象になるということです。この5,000個に安全在庫の300個を加算すると合計が5,300個になります。つまりB商品に関しては、手元在庫量が5,300個以下になる（なった）時点で発注処理をかける必要があるということです。

　日次平均出庫量は平均値のほか、最大値や最小値、中央値の値を組み合わせている会社も多いです。手元在庫の出庫速度が一時的に速くなるようなケースがある場合、最大値や最小値の値を組み合わせて楽観的シナリオ、悲観的シナリオ、堅調的シナリオというような形で**出庫と発注のシミュレーションを実施すること**も大切です。毎期継続的にシミュレーションを繰り返すと、それらのデータは翌期以降、対前期比の分析データとして活用できます。

4-4 不定期不定量発注方式

変動的な手元在庫量を見ながら必要なときに必要な量を発注する方式

不定期不定量発注方式の概要

不定期不定量発注方式は、適時適切な量の手元在庫量を維持する上で最も理想的です。

本方式の大きな流れは次の通りです。毎日この流れの作業をすることで、その日の発注量の必要性と必要な場合にはその発注量を決定します。

①その日の出庫作業が終了する
②出荷対応日数を計算する（下記計算式①）
③出庫対応日に調達リードタイムを比較し、同じ、もしくは少ないときは④のプロセスに進む
④発注量の計算を行う（下記計算式②）
⑤発注処理を行う

不定期不定量発注方式の中で使用する主な計算式は以下の通りです。シンプルな計算式ではありますが、在庫管理システム上で手続きが完結していない場合、毎日計算作業を行う必要があり、最も稼働負担が大きくなりがちなのがこの方式です。ただその見返りとして、会社は適切な在庫数を確保でき、欠品や品切れのほか、過剰在庫による管理コストなどの増大を未然に防止できます。

①発注量＝1日当たりの平均出庫量×在庫日数
②発注までの残日数＝残在庫量－出荷対応日数×調達リードタイム＋安全在庫量

63

不定期不定量発注方式の計算式に使われる言葉の意味は次の通りです。

◆不定期不定量発注方式の計算式に使われる言葉の意味

項目名	詳　細
残在庫量	現在手元に存在する在庫数
出荷対応日数	• 現在の在庫数で、出荷の対応が可能な日数 • 出荷数は今までの平均値を使用 • 数式は次の通り 出荷対応日数＝現有在庫÷1日当たり平均出荷量
調達リードタイム	発注してから納入されて出荷可能となるまでの日数（部品などの場合、出荷可能となるまでには納入後に製品になるまでの期間が必要となる）
在庫日数	• 一度の発注で発注可能となる日数 • この値が大きければ発注する間隔が長くなる

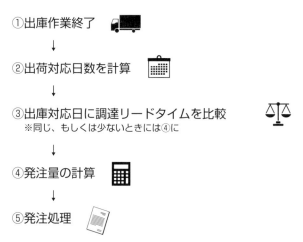

①出庫作業終了

↓

②出荷対応日数を計算

↓

③出庫対応日に調達リードタイムを比較
※同じ、もしくは少ないときには④に

↓

④発注量の計算

↓

⑤発注処理

◆不定期不定量発注方式の流れ

　不定期不定量発注方式では、発注する段階で次の発注量を計算しますが、定期不定量発注方式よりも簡単な計算式となります。計算するのは、「過去の**1日当たりの平均出庫量**」のみとなります。この計算をすることで、変動する需要に合わせて次回の発注量を変化させることができます。
　本発注方式のイメージは次ページの通りです。なお、ここでは発注リードタイムを5日、在庫日数を8日としています。

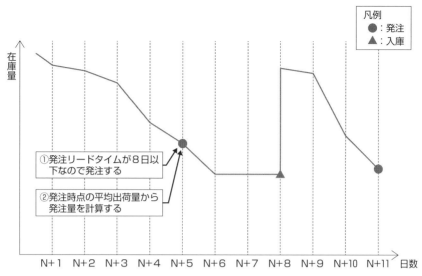

◆不定期不定量発注方式を採用した場合の発注から入庫までの流れ（一例）：グラフ形式

　不定期不定量発注方式はグラフだけだと非常にわかりにくいので、日次単位の推移がわかる表と合わせて説明します。

◆不定期不定量発注方式を採用した場合の発注から入庫までの流れ（一例）：表形式

項番	数量など	N日目	N+1日目	N+2日目	N+3日目	N+4日目	N+5日目	N+6日目	N+7日目	N+8日目	N+9日目	N+10日目	N+11日目
1	出荷数（個）	30	30	10	20	40	25	50	0	50	10	60	40
2	在庫数（個）	300	270	260	240	200	175	125	125	275	265	205	165
	以下、毎日計算												
3	1日の平均出荷量（個）	30	30	20	20	25	25	30	25	29	27	30	31
4	出荷対応日数	10日	9日	13日	12日	7日	**5日**	3日	3日	8日	8日	7日	**5日**
5	発注から納品						●1日当たりの平均出荷量×在庫日数 ＝25個×8日 ＝200個発注　　　　　　　　▲250個入庫 〈発注から入庫まで3日間〉					○○個発注	

　上表は、横軸に日数、縦軸が各計算や発注の作業などを示しています。

　N＋1日目を見ると、出荷数（項番1）が30個で、前日の在庫数（項番2）が300個のため、その日の在庫量は270個となります。そして、1日の平均出庫量を計算すると30個のため、あと9日間は出庫ができると想定できます。

Ｎ＋５日目になると、出荷対応日数（項番４）が５日となり、調達リードタイムと同じ日数となるため、このタイミングで発注をかけます。前述の通り、発注量の計算を行ってこの表上では200個の発注を行うこととします。現状の１日当たりの平均出庫量から残り５日間は在庫切れを起こすことはありません。また、３日後には入庫予定があるので、継続的に在庫切れの心配なく在庫管理業務を維持できるでしょう。

　次の入庫はＮ＋11日目となりますが、このときの発注量は、１日当たりの平均出庫量が31個に増加（＝需要が増えている）しているため、前回よりも多い248個の発注処理をかけることになります（表上では省略していますが、計算方法はＮ＋５日目と同様です）。

　不定期不定量発注方式はその他の３つの方式と比べて手間がかかります。しかし、必要なときに必要量を発注し、手元在庫量を調整できるという意味では適正在庫管理の実現に大きな力を発揮します。その反面、在庫管理のシステム化が進んでいない会社がこの方式を導入すると膨大な手作業が発生し、必要以上の在庫管理スタッフを雇用することになり、管理コストの増大につながる恐れがあります。

　そのため、安直に方式を決めるのではなく、**社内のシステム事情や在庫管理業務の体制を踏まえ、適切な方式を採用すること**が重要です。在庫管理システムに携わるエンジニアもお客様からの要望をそのまま鵜呑みにしてはいけません。お客様側の要望と在庫管理業務の状況を適切に把握し、お客様に見合ったシステム構成を提案することもエンジニアの重要な役割の１つなのです。

4-5 経済的発注量（EOQ）の概念

最適な定量発注を実現し、全社的なコストダウンを目指す

EOQの概要

　在庫管理の中核となる発注業務はさまざまな変数が絡み合うので複雑です。発注量を増やして発注回数を減らすと、発注費用は削減できますが、倉庫や管理センター内の手元在庫量が増えることになり、在庫維持管理費用が増大します。反対に、在庫維持管理費用を減らすために、発注量を減らし発注回数を増やすと、今度は発注費用が増えてしまいます。これらの関係性をまとめると次の通りです。

◆発注費用と在庫維持管理費用の関係性

	発注回数が多い（＝小ロット注文）	発注回数が少ない（＝大量注文）
発注費用	発注回数が多いので、発注費用は増大	発注回数が少ないので、発注費用は抑えられる
在庫維持管理費用	手元在庫は少ないので、在庫維持管理費用が抑えられる	在庫を大量に抱える瞬間があり、在庫維持管理費用が増大

　この発注量と発注費用のバランスをうまくとるために、**EOQ**（Economic Order Quantity：経済的発注量）という概念があります。EOQの前提は定量発注になります。決められた量を月に何回発注すべきかを考え、発注費用と在庫維持管理費用を天秤にかけ、最適な発注量を求めるのです。

　EOQの説明に入る前に、まずは発注費用と在庫維持管理費用について具体的に見ていきたいと思います。

発注費用

　発注費用は伝票や書類作成に関わる事務用品や消耗品代、原材料や商

品を入庫する際の作業賃、配送や運搬に関わる配送料など、発注1回当たりに発生する費用を指します。一定期間の中で、1回当たりの発注量を増やせばその分発注費用を減らせます。反対に1回当たりの発注量を減らすと、発注費用は増えることになります。つまり、**1回当たりの発注量と発注費用は反比例関係にある**といえるのです。グラフ化すると、次の通りです。

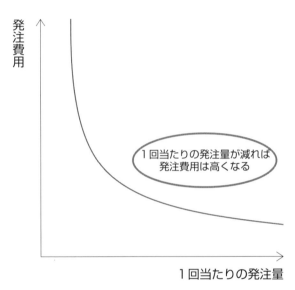

◆1回当たりの発注量と発注費用の関係性

　また、年間発注費用は実績ベースで管理しても良いのですが、翌期以降、在庫計画が大幅に変更されることも考えられます。その際、計画値ベースの年間発注費用は次の計算式で算出します。Qは1回当たりの発注量を意味しています。

◆計画値ベースの年間発注費用の計算式

$$年間発注費用 = \underbrace{\frac{年間必要量}{Q}}_{年間発注回数} \times 1回当たり発注費用$$

在庫維持管理費用

　在庫維持管理費用は、在庫として保有する商品にかかる保険料や、保管に関わる在庫管理担当者の人件費や倉庫や管理センターの支払地代などを指します。こちらは想像しやすいかと思いますが、在庫維持管理費用は**在庫量に比例して金額が膨らみます**。また、在庫量は1回当たりの発注量が多ければその分量が増えますし、発注量が少なくなればその分量は少なくなります。発注費用と同様に、グラフ化すると次のようになります。

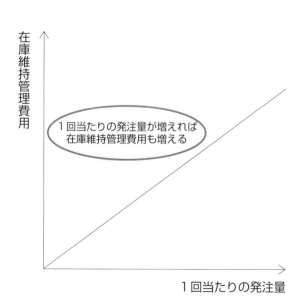

◆**1回当たりの発注量と在庫維持管理費用の関係性**

発注費用と同様、計画値ベースの年間在庫維持費用を求める際は次の計算式で算出します。同じく、Qは1回当たりの発注量を意味しています。

◆計画値ベースの年間在庫維持費用の計算式

$$年間在庫維持費用 = \underbrace{\frac{Q}{2}}_{平均在庫量} \times 1個当たり年間在庫維持費用$$

計算式の中で、平均在庫量を算出するためにQ÷2を行いました。これは、たとえば1回当たりの発注量が1,000個として、倉庫や管理センター内の在庫が0個だったときに在庫が入庫したとします。入庫の瞬間に在庫量は1,000個に増えます。そしてその後次第に出庫されて、いつかはまた0個に戻ります。そしてまた定量発注により在庫量は1,000個に戻ります。つまり、在庫量の平均は発注量の半分とみなすためにQ÷2を行っているのです。

余談ですが、規模の大きな企業だと、在庫に対して資本コストを上乗せするところもあります。その理由は、在庫として保有せずに他の何らかの事業に投資を行っていたら利益やキャッシュを生み出せる、という考えからきています。このような共通認識・共通評価が行われると、過剰な在庫維持管理費用は無駄と捉えるようになり、企業は改善に向かうのです。

EOQの算出方法

EOQとは、前述の発注費用と在庫維持管理費用を合算した総コストが極小化する1回当たりの発注量を意味します。EOQを算出するにあたって、発注費用と年間在庫維持費用を求めなければなりません。それらの数値を算出した後、次の計算式に基づいてEOQを算出します。

◆**EOQの計算式**

$$EOQ = \sqrt{\frac{2 \times @発注費用 \times 年間必要量}{@年間在庫維持費用}}$$

こちらも、グラフ化すると次のようになります。

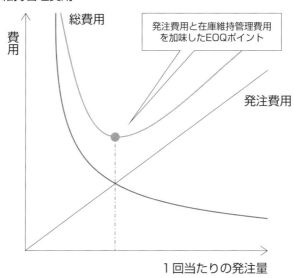

在庫維持管理費用

◆**グラフで考えるEOQの算出方法**

　EOQは、発注費用および在庫維持管理費用の総費用が最も小さくな
る1回当たりの発注量を意味します。上図の黒点のような均衡点を算出
し、それに基づき発注管理を行うことで、全社的なコスト削減につなが
るのです。

ABC分析に基づく
発注ルールの策定

評価軸を定めグルーピングを行い、効率的に管理するための分析手法

ABC分析の概要

　取り扱う商品数が少ない企業なら、単一的な発注方式を繰り返すだけでも問題ありませんが、事業規模が膨らむとそれに合わせて取り扱う商品数が増え、商品別発注方式を採用する必要性が出てきます。また、商品別発注方式を採用することにより、欠品や品切れといった機会損失の防止につながり、会社全体として良い影響が生まれるものです。

　それらを実現する1つのやり方として、企業実務では**ABC分析**というものを行います。本節では、商品別発注方式を採用する際のABC分析について紹介したいと思います。

　ABC分析は、商品販売から得られる売上や利益などをもとに企業独自の評価軸を定め、その商品の累積構成比率の高い順に3区分にグルー

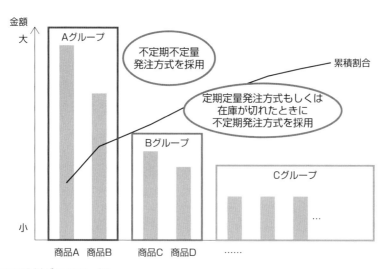

◆ABC分析グラフの一例

ピング（たとえばA、B、Cのようなグループを意味する）して分析・管理するものです。商品別の重要性を数値化し、優先順位を明らかにすることで、各グループに合った最適な発注方式を採用します。前ページの図はABC分析の一例です。

ABC分析グラフ上、商品Aと商品Bを含むAグループが最も大きい金額となっています（前述の通り、実務上では商品販売から得られる売上や利益などを使用します）。よって、ここではAグループが最も重要性が高いので、商品が切れないように常に意識して管理する必要が出てきます。在庫管理担当者に余力があれば4-4で紹介した不定期不定量発注方式を採用し、いつでも必要量を調達できるように準備すべきでしょう。

次点のBグループは、Aグループと比べると重要性は低いですが、Cグループ（実務ではより細かいグルーピングを行うこともあるので、その場合はCグループ以下のすべてが該当します）よりは重要性が高いです。このようなグループには発注忘れがないように定期定量発注方式を採用、もしくは在庫が切れたときに不定期発注方式を採用すると良いでしょう。

最後はCグループです。Cグループの商品はAグループ、Bグループとの相対比較で重要性が低いと判断されました。取り扱う商品の品数にもよりますが、在庫管理担当者の余力がないようなら、在庫が切れてから発注するといった運用にすると良いでしょう。Cグループについては売上や利益はあるものの、全体に占める割合は小さいので、在庫管理の観点から考えると重要性は高くありません。そのため、状況によってはより売上や利益が見込める商品の導入を検討したり、そもそもの販売を中止したりするといった決断も必要になってきます。

ABC分析を行う手順

ABC分析を行う手順は非常に単純で、次のように作業を進めます。

①販売実績データの収集
②売上や利益の大きい順に各商品を並び替え

③累積割合の算出

④グルーピング

　まずは、①からです。分析に必要なデータを集めます。システム化が
進んでいる企業の場合、第6章で説明する販売管理システムからデータ
出力が可能なはずです。商品販売系のシステム化が完全に行われていな
い企業の場合、ExcelやAccessツールを用いて販売管理をしていること
もあると思います。その場合は、そちらの販売実績データを使用し、売
上や利益の大きい順に各商品を並べます。季節的要因（割引キャンペー
ンなども含む）を除きたい場合は前月次データではなく、前年次の各月
データを使用して傾向分析も合わせて行いましょう。

　②の売上や利益の大きい順に商品を並び替えた後は、各商品の全体に
対する割合を算出します。商品A、商品B、商品Cを扱う企業の商品A
の売上割合を求める場合は、次の式となります。

商品A売上÷（商品A売上＋商品B売上＋商品C売上）

　前述の通り、対象となる期間は前年でも良いですし、前月でも問題あ
りません。ただ、対象となる期間が異なると、まったく別の結果になっ
てしまうので、**各商品の売上対象期間はそろえるようにしましょう。**

　各商品の売上割合を求めた後、割合の大きい順に並び替えを行い、グ
ラフで触れた③の累積割合を明らかにします。業界・業種、各企業によ
って判断は異なりますが、グルーピングの1つの判断軸として、Aグル
ープは累積割合が7割までの商品を、Bグループは累積割合が7割から
9割の商品を、Cグループは累積割合が9割から10割の商品を対象とし
ます。

　そして、④のグルーピングに従ってABC分析を行い、本章で説明し
た発注方式を商品別に考えます。このABC分析はイギリスの経済学者
であるヴィルフレド・パレート氏が提唱したパレートの法則と呼ばれる

統計モデルを基礎としています。パレートの法則は、全体のうち、一部の要素が大きな影響を持つという考え方で、これを在庫管理実務に応用すると、販売実績上位2割の商品が全体売上の8割を占めることになります。在庫管理実務上、売上の取りこぼしがないようにバッファを積んでいますが、累積割合9割までのAグループ、Bグループを手厚く管理するのはこのように理論的な背景があるからなのです。

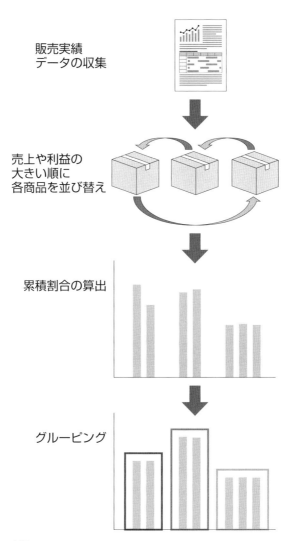

販売実績
データの収集

売上や利益の
大きい順に
各商品を並び替え

累積割合の算出

グルーピング

◆ABC分析の手順

第 5 章

在庫管理に付随する
関連システム(1)
生産管理

生産工程の管理に必要な作業

工場を代表とする生産拠点にはたくさんの設備があり、いくつもの工程があります。生産拠点では多種多様な原材料・部品が管理されています。また、生産工程の一部を他社に委託しているような場合、製造工程が自社で管理する拠点以外にまたがることもあります。原材料の仕入れ業者も1社で済むことは少なく、複数の業者に発注し、納期を管理することになります。生産工程において管理すべき対象は多種多様であり、取り扱う製品が多くなればなるほどより一層複雑になります。

製品ごとに**BOM**（Bill Of Materials：部品構成表）に従って生産に必要な部品と資材の数量を計算し、生産工程を設定します。生産工程を設定したら、生産拠点の設備を考慮して生産計画を作成する必要があります。

ここで作成された生産計画が基準生産計画として確定されると、**資材所要量計算**（生産に関わる半製品・部品・材料についての計画策定）へのインプットとなり、資材所要量計算の結果は**所要量展開**（オーダーをもとに生産に関わる部品・材料の所要量算出）、**製造指図**（製造担当に、いつ・どの品目を・どこで・いくら生産するか、という指示情報）、**購買指図依頼書**（材料や部品などの購入品についての購買依頼書）を生成するもとになります。製造指図をさらに詳細な加工順序や組立順序など具体的な作業手順に落とし込むことで、現場への具体的な製造指示が可能となります。

BOM管理と工程順序の設定

各製品には、「製品を構成する要素」が定められており、BOMや部品

構成表と呼ばれます。

BOMは、**製造する製品に必要な部品管理を効率的に行うこと**を目的に作成します。これにより必要な構成部品をリストアップし、各部品の手配納期や在庫を正確に把握できます。

BOMの管理方法は「**サマリ型**」と「**ストラクチャ型**」の2種類に分類されます。

サマリ型

製品製造に必要な部品（材料）を、並列にまとめた部品表です。製品の加工や組立ての順序に関係なく、必要な部品をリスト化し、手配数がわかりやすいレイアウトで、開発・設計段階での部品構成情報として使用されます。部品の追加や仕様変更があった場合にも柔軟に対応できるメリットがあります。

ストラクチャ型

製品の組立順序を踏まえて、親品目・子品目といった親子関係を階層

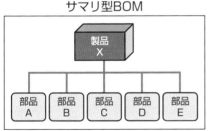
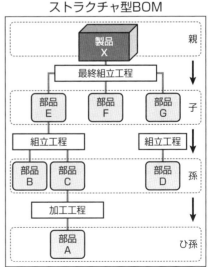

◆BOMの管理方法

構造で管理する部品表です。親子関係とは、完成製品を「親」、組立てに必要な加工部品を「子」、さらに加工に必要な原材料を「孫」といったように階層を分けて考えることができます。

　ストラクチャ型で管理することで、製品の完成までの加工順序や予定工数、リードタイムの計算がしやすくなります。そのため、ストラクチャ型は生産スケジューリングや生産指示、工程管理、部品や材料調達に活用されます。

　たとえば、自転車であれば、構成部品としての車体部、操舵装置、駆動・走行装置などに分類され、車体部であればフレームやフォークといった「子」部品から構成されます。また、次の図の例ではホイールを2個製造するために、「子」部品のハブやリム、タイヤがそれぞれ2個必要になることを示しています。

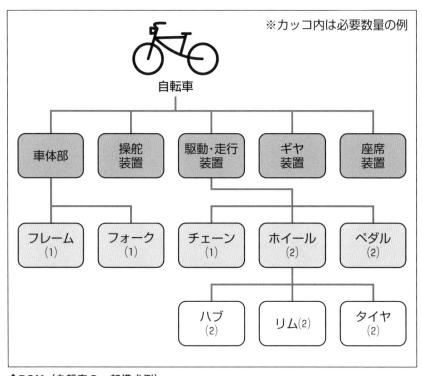

◆BOM（自転車の一部構成例）

製造業におけるBOMの分類

　業種や業態により種類はさまざまですが、製造業におけるBOMを大きく分類すると、設計段階の**E-BOM**（Engineering-BOM：設計部品表）と製造段階の**M-BOM**（Manufacturing-BOM：製造部品表）に分けることができます。

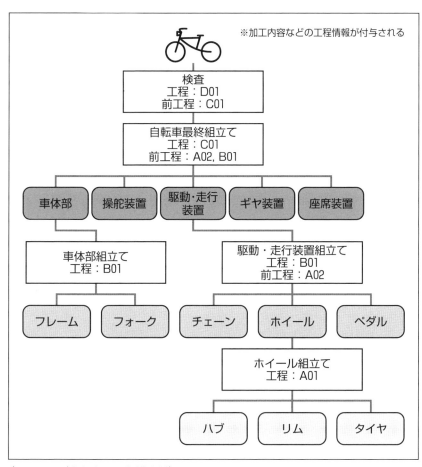

◆M-BOM（自転車の一部構成例）

E-BOM（設計部品表）

　設計段階で設計図の情報をもとに、仕様を満たす部品構成情報（部品表）のことをいいます。多くの製造業において、CADなどの設計情報により定義された親図面と部品図面、部品図面の構成品目から作られます。部品の必要数量や、仕様、技術情報などが記載されます。

M-BOM（製造部品表）

　組立順序や加工工程などの記載のある部品表のことをいいます。設計部門より受け取った部品表に、加工内容など必要な情報を追記します。工程における作業標準時間、賃率、歩留まり、まるめなどが定義され、生産計画や製作指示、加工リードタイムを考慮した部品の手配に使用されます。

　設計段階で使用するE-BOMはそのままでは生産工程で使えません。製造工程や設備を考慮し、組立順序を付加する必要があります。E-BOMの情報をベースに、加工する内容や工程順序などを設定してM-BOMを作成します。79ページの図（ストラクチャ型BOM）は、部品Cが部品Aを加工工程で加工してでき上がり、部品Eは部品Bと部品Cを組立工程で組み立ててでき上がり、製品Xは最終組立工程を経てでき上がる、といった例です。

　M-BOMは、内製の資材所要量の計算、外注への発注の計算、購買品の発注の計算ができる構成をとります。データの扱いとしては、親品目と子品目の関連を示すために、**品目データ**と**製品構成データ**の2つのマスタデータで構成されます。工程情報は**工程データ**として登録します。品目データ、工程データは1つひとつのデータに対して重複しない名称と番号が必要です。

◆M-BOMのデータの扱い

品目データ	品目コード、品目名、計量単位などの属性を定義したもの（製品、仕掛品、部品、原材料等）
製品構成データ	品目間の親子関係を定義したもの
工程データ	ある品目の工程順序や工程などを定義したもの

E-BOMとM-BOMの連携

　さまざまな理由により、製品の設計内容が見直され、構成品目の変更が発生することがあります。設計変更に伴いE-BOMが修正される場合、**その最新情報を関連するM-BOMへ連携する必要があります**。E-BOMからM-BOM間での情報連携がスムーズでないと、製造工程でさまざまな弊害が発生するため、設計部門と製造部門間での変更の伝達が容易であることが求められます。変更の伝達が容易でない場合、なるべく設計変更が発生しないような作業フローを導入し、変更による手戻りリスクを回避します。この場合、設計部門から製造部門に情報が伝わるまでの時間が長くなり、製品全体のリードタイムが長くなってしまいます。

　設計変更のBOM連携を手作業で行わざるを得ない場合（E-BOMとM-BOMを構築・管理するシステムがそれぞれ異なる場合など）には相当な人的工数が必要になります。作業の効率化、精度向上を目指すために**BOMのデータ化・一元管理が可能となる仕組みを導入すること**が重要です。リアルタイムでの変更情報の連携を可能とすることで、早い段階から製造部門へBOM情報を共有でき、製品開発全体のリードタイムの短縮ができます。E-BOM、M-BOMで必要な情報も含め、BOMの構成情報や工程ごとの付加情報を一元管理するために、**PLM**（Product Lifecycle Management：製品ライフサイクル管理）や**PDM**（Product Data Management：製品情報管理）の導入が進められています。

PLMとPDM

　品目に関わるデータでは、PLMシステムまたはPDMシステムと呼ばれるパッケージシステムが使用されます。PLM・PDMシステムにCAD

データや各工程のBOMデータを登録することで、生産管理に必要なデータを一括管理できます。ここで管理されるデータを基幹システム（ERP）と連携することで、製造計画の策定や財務に関する業務の効率化が期待できます。

　PLMとは、企業の利益を最大化することを目的とし、製品の企画、設計から生産、販売、廃棄に至るまでのライフサイクル全体における製品情報を一元管理することです。製品の企画から廃棄までの一連の工程を通して、必要な情報を相互に関連付けながら管理・共有することで、品質の向上やコスト削減を実現します。

　PLMをシステムで実現する際は、各部門にまたがる各工程のデータを管理する機能（ドキュメント管理、部品管理、構成管理、設計変更管理など）に加えて、それぞれのデータを連携する機能など複数の機能が必要となります。

　上記システムの中核を担うのは、製品ライフサイクルにおいて上流部分であるCADデータや部品表などの設計成果物を管理するPDMと呼ばれるシステムです。PLMシステムでは、製品ライフサイクルで使用されるデータすべてが対象になるのに対して、PDMシステムでは、CADデータなどの開発・設計段階のドキュメントファイルが対象となります。

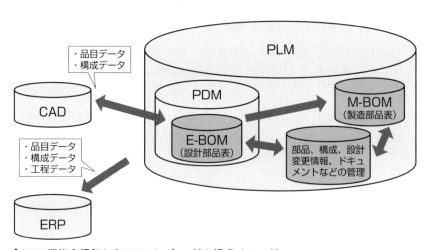

◆PDM機能を梱包したPLMパッケージの構成イメージ

製品によってはPLMパッケージとしてPDM機能も同時に含まれるものや、PDMシステムでも開発・設計以外のデータを管理できるものもあります。

グローバル環境法規制への対応

製造業を中心とする企業や事業体において、化学物質は原材料として重要である場合が多いですが、その化学物質を取り巻く環境は刻一刻と変化しています。

ヨーロッパでのRoHS指令やREACH規則をはじめ、世界各地で化学物質に関する環境法規制が公布・施行されていますが、こうした規制動向を受け、迅速かつ確実に自社製品の含有化学物質を管理することは、事業存続のための重要課題と考えられます。

しかし、含有化学物質管理が製品設計システムとは別になっている場合には、製品設計が完了しM-BOMが確定するまで、つまり、ものづくりの終盤段階に至るまで、環境法規制に対応することが困難です。

設計終了後にようやく、品質保証部門や環境対応部門などが開発製品の含有化学物質調査に取り掛かり、法規制への対応可否を判定することになりますが、このタイミングの判断では、問題があった場合、製品設計の初期段階へ戻って再度設計する必要が生じてしまいます。そのため、納期遅延による顧客との信頼関係の喪失や、市場への導入が遅れることによる機会損失を招く恐れがあります。

したがって、製品開発のスピードアップおよび効率化と確度向上には、**開発プロセスの上流段階から環境法規制への対応を考慮できる開発体制の構築**が必要不可欠といえます。

それには、**PLMシステム上で製品情報と含有化学物質情報を一元管理すること**が効果的です。各部門間で情報共有することにより、製品設計の初期段階から含有化学物質の調査ができる体制となります。

これにより、開発早期に法規制への対応可否を判定でき、原材料選定の段階であれば法規制適合品目のみを選定対象とすることもできるなど、環境法規制に適合した製品開発を効率良く推進することが可能になります。

生産計画立案および製造指図発行

生産計画に使うシステムや生産管理手法MRP・製番管理の利点を活かす

生産管理拠点内のロケーションコード設定

　システムを利用して生産計画立案を行うためには、生産拠点や原材料に関する情報をデータとして管理する必要があります。

　「どこに何があるのか」をデータとして扱い、各ロケーションにコードを割り振って在庫情報を管理するために、在庫管理の対象拠点と各拠点内のロケーションについて網羅的にコード設定を行う必要があります。

　生産拠点内で在庫が存在する場所としては、倉庫のような収納設備や生産現場内の生産ライン近くの置き場所があります。収納設備には、完成した製品、工程に投入されるまで収納される中間品や原材料が保管されます。製造場などの生産ラインにも中間品や原材料が保管されます。

　製造場が複数の製造ラインを有し、ラインごとの在庫置場が存在する場合は、それらのラインが区別できるように**ロケーションコード**を設定します。ただし、原材料や中間品の仮置き時など置かれる時間が極めて短いような場合は、管理対象外として問題ありません。

　設定したロケーション情報や拠点内の製造設備の情報は、**製造リソースマスタ**として管理します。

生産計画とその分類

　生産管理を行う対象として**生産計画**を作成する必要があります。日本工業規格「JIS」では、期間別生産計画のことを「生産量と生産時期に関する計画」と定義しています。販売管理システムが持つ販売計画、生産依頼に基づいて「どれだけの量をいつまでに生産するのか」を製品ごとに計画します。

　この計画が正しく作成されていない場合、在庫に過不足が発生したり、

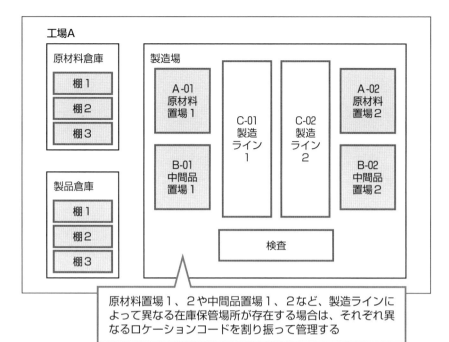

原材料置場1、2や中間品置場1、2など、製造ラインによって異なる在庫保管場所が存在する場合は、それぞれ異なるロケーションコードを割り振って管理する

◆在庫の保管場所（生産管理部門内のロケーション）

製造を行うための部品調達に乱れが生じたり、納期に合わせた納品が難しくなるという事態が起こり得ます。そのため、製造業において生産計画は極めて重要性の高いものです。

生産計画は期間別に次の3種類に分類されます。

大日程計画 （年度計画）	・経営計画に基づいて立案される生産計画 ・半年から1年ほどの期間に関する生産計画を意味する ex.資金・人員計画や設備の導入計画など
中日程計画 （月次計画）	・1～3カ月間程度の計画期間 ・毎週、あるいは毎月ごとの頻度で生産量に関する計画の見直しを行う ex.受注状況に伴う月別生産計画、部品（原材料）の調達計画など
小日程計画 （週次計画）	・1週間～1カ月間程度の計画期間 ・毎日あるいは毎週ごとの頻度で見直しを行う ex.従業員の作業スケジュールなど

これらの生産計画は安定した生産管理を行う上で非常に重要ですが、

すべてが計画通りに進むことは稀です。そのため、通常は年度計画や前回の月次計画を適時変更しながら毎月計画の見直しが行われます。

また、前ページの表の通り、小日程計画は毎日の作業の予定を決めるものです。品目ごとの設備割り当て、代替設備の設定、各設備・品目ごとの組み合わせでの標準時間などを考慮し、効率的な製造指示を出す必要があります。具体的には、「9〜12時の間に塗装工程を行う」というように、機械や人などのリソースが行う作業の量を時間軸上に配置していきます。

そのため3種類の中で最も複雑化している計画です。作成には十分な知識が必要とされることから、熟練した現場担当者に任せきりになるケースが多いです。属人化を防ぎ、誰でも改善できるようにするためには、**詳細な順序計画や設備割り付けまでをシステムで実施する**必要があります。小日程計画立案のために使用されるシステムは**スケジューラー**と呼ばれます。

スケジューラーによる小日程計画立案

スケジューラーでは人員や設備などのリソースと生産量とを照らし合わせ、必要なリソースを割り当てることができます。適切な時間配分や在庫引当、設備・作業員の割り振り、段取りの最適化などは設定されたルールに基づき、自動作成させることができます。ルールは複数の作業をどのような順番で並べていくか決めるための条件付けのことで、**ロジック**などとも呼ばれます。

工程間の無駄な待ち時間を削り落としてリードタイムを短縮するためには、現場のニーズをしっかり分析して適切にルールを組み立てることが重要です。たとえば、特定の品目にしか使うことができない専用設備に共用設備でも製造可能な品目の計画が割り付けられている場合、汎用設備を使うように計画する必要があります。また、複数製品のスケジュール作成時は納期を考慮して優先製造品目から計画を割り付けなければなりません。

段取り時間（人が設備を動かすための準備をする時間）に関しては、

複数パターンの段取り時間を比較し、より段取り時間が短くなるほうで計画立案を行う必要があります。段取り時間は常に一定の時間ではなく、その直前に加工していた製品によって変わるようなことがあります。たとえば、製造品目が品目A→品目B（または品目B→品目A）に切り替わるタイミングで設備を使用するための段取り時間が発生するような場合、設備使用順序を「品目A、品目B、品目A」とするより、「品目A、品目A、品目B」とするほうが段取り時間は短く済みます。

スケジューラーの運用

　生産スケジューラーでは多くの条件を設定できますが、複雑な設定が可能な分、簡単に使えるシステムではありません。品目ごと、設備ごとに標準時間が異なる場合、必ず品目ごと、設備ごとの適正な設定がされないと最適な生産計画を導き出すことは難しいといえます。そのため、**一度登録したマスタ情報については定期的にメンテナンスを行うこと**が非常に重要です。設備ごとの日々の稼働時間、稼働可能時間を常に正確な状態で維持していないと、実態とそぐわないスケジュール立案が行われ、運用が定着しないといった事態も起こり得ます。

　ルールの設定漏れや、設備などの非常事態時などに、スケジューラーが自動的に立案した順序計画を調整する必要が生じることがあります。手作業による調整は、主に**ガントチャート**と呼ばれる機能で行います。

2023	4/3（月）		4/4（火）		4/5（水）	
	2 4 6 8	10 12 14 16　18 20 22 24	2 4 6 8	10 12 14 16　18 20 22 24	2 4 6 8	10 12 14 16　18 20 22 24
切断機1						
加工機1						
加工機2						
加工機3	緊急メンテナンス					
組立て1						
検査						

◆スケジューラーのガントチャート機能

設備に対して、品目別に計画が時間の線表で割り付いているチャートです。スケジューラーの画面上で線表を手作業で動かしながら、計画を変更できます。

当日作業が終了した後は、立案した計画の進行状況を把握するために、製造実行システムから製造や在庫の実績データを受け取る必要があります。実績データが適切に連携できていないと、不要な製造を計画したり、反対に必要な製造が計画されなかったりといった問題が発生します。

スケジューラーによる設備割り当てが行われ、生産順序が確定すると、**MRP**（Material Requirements Planning System：資材所要量計画）に連携され、製造指図が発行されます。

｜MRPによる構成品目の所要量計算

MRPは1970年代初頭にアメリカで導入され、日本には1970年代後半から用いられるようになりました。生産管理システムの部品や原材料の計算によく使われており、生産管理システムのほとんどはこの機能を持っています。

MRPを導入することで適切な資材の量や納期を算出できるので、無駄のない発注ができます。手作業による管理を行っていた時代は在庫不足を防ぐために過剰発注を行っていたので、多くの在庫を抱えるケースがありましたが、MRPを導入することで必要な量だけ発注することができるようになりました。

MRPは、在庫管理や購買管理に必要となる資材量を取得するために、製品の構成品目について**所要量展開**を行います。構成品目の所要量展開とは、生産計画をもとにして、製品を作るために必要な構成品目にあたる部品や原材料を、いつ、何個作る必要があるのかを計算することです（製品の構成品目となる部品や原材料の必要量＝所要量として計算）。

生産計画立案結果から基準生産計画（その製品がいつまでにどれくらい必要なのかを決める生産計画）を取得したら、構成品目の資材所要量計算を行います。MRPはERPなどの基幹システムの一機能として実装されていることが多く、生産管理に関わる基幹システムの中心機能です。

MRPはBOMに従って、生産に必要な製造品目や購入品目の数量を計算します。部品や中間製品の段階で引当可能な在庫があれば、それを差し引いて正味所要量を求めます。5-1で説明した通り、BOMとは、製造と調達に関わる全品目の構成を定義した部品構成表です。資材所要量が計算されると購買管理システムにデータが連携され、購買指図や購買発注が行われます。

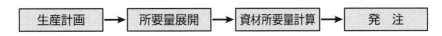

◆MRPの流れ

歩留まりを考慮した正味所要量計算

　一般的には、製品を製造する過程において、一定の割合で不良品が含まれるので、MRPでは「**歩留まり**」を考慮する必要があります。歩留まりとは、ある品目を製造した際に、その中に含まれる良品の割合のことを指し、次の式で計算できます。

$$歩留まり ＝ 製造数÷良品数$$

　たとえば、必要な製品数が100個で不良品が出る確率が２％の場合、ぴったり100個の製品しか生産しないのならば、全部で98個しか良品が生産できません。この場合、100個確実に良品を生産するためには、歩留まりを考慮し、100÷98×100≒102個投入する必要があるので、所要量を102個と計算します。歩留まりもBOMに登録し、資材所要量計算で活用します。歩留まりのデータを管理し、変動するたびに見直す必要があります。

　さらに、上記で計算した所要量に対して、既にある在庫もしくはまだ在庫にはなっていないが在庫になる予定（発注残）から使い回しができ

るかどうか（＝引当可能かどうか）も計算した上で、正味所要量が求められます。

　資材所要量計算の結果、購入品目には購買依頼が生成されます。購買依頼は購買管理システムで生成され、購買依頼の承認・確定を受けて、発注がなされます。また、資材所要量は原価の集計をするためにも使われます。製造実績や納入実績によって指図が実行されたことが確認され、所要量展開とは逆に、下から上に原価（使用資材、実績工数×賃率、経費）を積み上げることで、製造指図ごと、さらに部門ごと、製品ごとに原価積算を行います。

MRPによる資材所要量計算の結果から製造指図を発行

　製品や各部品の構成品目は、製造に関わる階層に応じて展開され、所要量展開されます。自転車の駆動・走行装置であれば、チェーンやホイール、ペダルなどを組み立てる工程を通して部品の組立てを行いますが、その構成品目の本体、チェーン、ホイール、ペダルなどが所要量展開されます。さらに、ホイールの製造時は構成品目を組み立てるための下位の構成品目（ハブ、スポーク、タイヤ）が展開されます。

　こうした構成品目の製造に関わる工程に対し、製造指図が発行されます。製造指図では品目別・工程別の製造数が日にちごとに提示されます。確定した製造指図は指示情報として**MES**（Manufacturing Execution System：製造実行システム）に連携され、MESで工程展開・作業展開され、指示につながります（MESについては5-3で説明します）。

MRPと製番管理

　MRP以外の生産管理手法として、**製番管理**方式という仕組みがあります。製番管理方式では、製造手配時に「製番」と呼ばれる管理番号を設定し、計画・発注・作業指示から出庫までの全作業をこの製番で管理します。製番は発注ごとに個別のナンバーが振られて所要量展開が行われます。製番が振られると、その構成品目は同一の製番でしか使えなくなります。

　MRPでは製品の構成品目の所要量を展開する際に、品目番号単位で原材料の総量が管理されます。そのため、**同じ品目番号の原材料を異なる製品に対する共通の在庫として引き当てることができます**。たとえば、製品Xと製品Yで同じ部品Bを構成に持つ場合、製品Xも製品Yも、部品Bを引き当てて製造に使うことができるのです。

　一方、製番管理では同じ品目番号であっても、製番紐付きの在庫しか使うことができません。製品Xのために製造または調達された部品Bは、製品Yで使うことができないのです。すべての品目にユニークな製番を振り分ける以外にも、部品に対して生産時期（生産月、週あるいは日）ごとにロット番号を付与し、あたかも製番のような取り扱いを行い、生産時期ごとの需要と供給がまとめられるケースもあります。

　製番管理の利点は、**製番に関連した構成品目が確保され、他の製品に使われることがないこと**です。製番では、構成部品の在庫数量を意識する必要がなく、確実に生産ができます。

　一方で、万が一調達した製番紐付きの在庫が使われなくなった場合、その在庫はずっと滞留してしまう可能性があります。MRPでは製番がないため、同一の構成品目であれば、製造が必要なタイミングで構成品

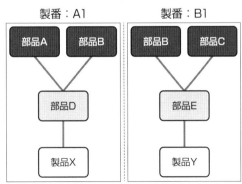

・品目番号単位で部品総量を管理するため、共用部品は異なる製品であっても共通で使用可能
・需要変動に対して柔軟性がある

製番単位で管理され、各工程や資材が紐付く共用部品であっても製番単位に使用され、異なる製番間での部品の融通は行わない

◆MRPによる部品中心管理と製番管理による製品中心管理

目の在庫が引き当てられ、在庫が効率良く使われます。需要変動に対して柔軟性がある一方で、特定の製品の需要が急増した際に、構成品目の在庫が欠品する恐れがあり、同じ部品を要する別の製品にも影響を与えるリスクがあります。

　製番管理は受注や設計に紐付いた特注製品や個別受注生産でよく使われます。MRPは、家電や自動車など見込生産が可能な量産型で、共通部品・原材料などが多い生産に適しています。

　製番管理とMRPそれぞれの良さを活かして、双方の方式を併用し管理することもあります。たとえば、個別受注生産品目の原材料の中にもボルトやネジ、クギといった汎用性の高い原材料があります。これらの原材料はMRP方式でまとめ買いし、最終組立てに近いところからは受注別に製番管理を行います。

5-3 製造工程管理

MESの持つ11の機能で製造工程管理にさまざまなメリットをもたらす

製造工程管理に必要な作業

　製造指図を受けて順序計画を作成したら、製造現場に指示を出せるように、工程ごとの作業指示や作業手順が必要になります。システム上でマスタ管理が行われていれば、工程情報はPLMシステム（またはPDMシステム）から取得できます（5-1参照）。

　作業指示、作業手順までシステムで管理・取得する場合は、工程展開後の作業詳細や作業指示書、作業手順書などの情報をマスタで管理する必要があります。こうした一連の工程管理、作業管理を行い現場に指示を与えるシステムは**MES**（Manufacturing Execution System：製造実行システム）と呼ばれます。

　MESを導入することでヒューマンエラーのリスクを軽減し、作業の安定化を実現できます。工程情報や作業情報を持つマスタがきちんと定義され、維持されていないとMESが有効に機能しないため、マスタ管理は必須作業になります。次ページの図は、製造工程として切断、研磨、接合、塗装、組立て①、組立て②、検査などの工程が展開されるケースです。

MESとPOP

　MESは製造工程の把握や管理、作業者への指示や支援などを行う「**製造実行システム**」のことを指します。生産管理システムや基幹システムなどの情報管理システム（ERP、MRP）と、工場の各生産ラインの間に位置し、データ連携や管理を行います。MESは製造工程向けのシステムであるため、製造現場や在庫管理する倉庫などが対象です。

　現場では作業効率化のために、タッチパネルやHT（ハンディーター

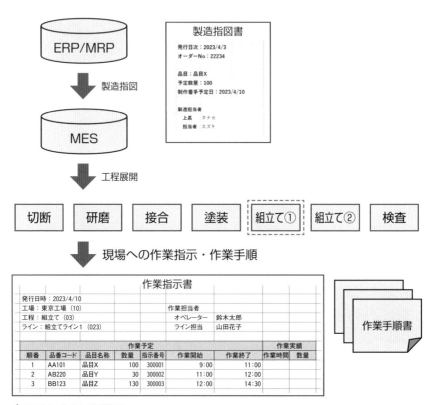

◆**MESによる工程展開**

ミナル)、バーコードリーダーといった機器が導入されており、MESへのデータ収集は**PLC**(Programmable Logic Controller)などの機器を通して行われます。

　PLCは外部の機器を自動制御するための装置です。PLCと機器を接続することで入力機器からの信号を取り込み、プログラムによる制御が可能となります。主に工場の設備や機器の制御を行うために使用されます。

　また、MESは作業手順管理、入庫・出荷管理、品質管理、保守管理など11の機能がありますが、その機能すべてを用いるのではなく、必要に応じてその機能を利用するのが一般的です。

　標準化団体MESAにより、定義されている11の機能は次の通りです。

①生産資源の配分と監視

②作業のスケジューリング

③差立て・製造指示

④仕様・文書管理

⑤データ収集

⑥作業者管理

⑦製品品質管理

⑧プロセス管理

⑨設備の保守・保全管理

⑩製品の追跡と製品体系の管理

⑪実績分析

　この機能一覧の通り、前節で述べた生産スケジューラーがMESの1機能として提供されることもあります。個別のスケジューラーを利用して計画立案を行う場合は、下図のようにMRPとMESの間にスケジューラーが機能する構成になります。MRPからの製造指図を受けてスケジ

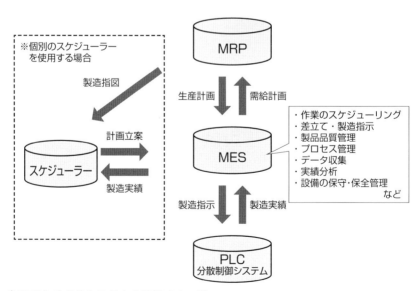

◆MESとその他システムの連携イメージ

ューラーで順序計画を立案するというデータの流れになります。

POP（Point Of Production：生産時点情報管理）は、工場現場の各作業工程で発生する作業時間などの生産情報を、その発生源である機械・設備などから収集し、管理するシステムです。バーコードを作業開始時と終了時に読み取ることで、製造現場で誰が何の作業を開始し、いつ終わったのかをリアルタイムで取得できます。さらに、機械設備とPOPを紐付けることで、生産進捗状況や製品個別の原価管理、機械ごとの稼働率を取得することも可能です。

初期のPOPでは製造現場の自動制御の製造機器とデータ収集機をつないで、製造実績データを処理していました。これは流通業で採用が進んでいた**POS**（Point Of Sales：販売時点情報管理）の考え方を製造現場に導入し、実績データがいつ・どこで発生したかを収集するものです。POPや設備の自動制御システムは局所的なシステムであり、MRPなどの生産計画システムや、他工程のシステムと統合的に連動する機能は持ちませんでした。

PLCなど機械制御システムの進化に伴いPOPも高度化されて、局所的なシステム同士が接続されるようになりました。これにより、作業の進捗や品質情報が統合的に捉えられるようになり、生産計画情報から製造指示データを取り出し、製造機器の簡単な制御を行ったり、作業員に作業指示を表示したりできるようになったのです。

MESではより高度な機械設備の連携制御や、トレーサビリティ機能、品質・リードタイム・生産性の計測と分析が可能になっています。**POPを製造現場の総合的な実行制御システムとして発展させたものがMES**といえます。

┃MESの工程展開・作業展開

MESで工程ごとに作業展開を行ったら、続いて製造に必要な出庫指示、投入指示・計量指示、製造指示を生成し、指示を出します。

出庫指示は、部品や原材料の保管場所からの出庫の指示であり、MRPでの出庫指示と峻別する必要があります。MRPの出庫指示は、原

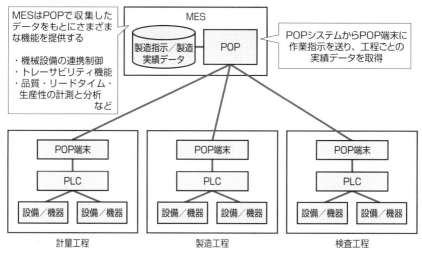

MESはPOPで収集したデータをもとにさまざまな機能を提供する

・機械設備の連携制御
・トレーサビリティ機能
・品質・リードタイム・生産性の計測と分析
など

MES

製造指示／製造実績データ

POP

POPシステムからPOP端末に作業指示を送り、工程ごとの実績データを取得

POP端末
PLC
設備／機器　設備／機器
計量工程

POP端末
PLC
設備／機器　設備／機器
製造工程

POP端末
PLC
設備／機器　設備／機器
検査工程

◆MESの機能とPOPの役割

価管理、資産管理としての在庫管理のための保管場所から、MRPで認識する工程へ出庫指示をすることです。工場間転送や資材倉庫からの出庫などの指示がそれにあたります。それに対し、MESの出庫指示は、**原材料の保管場所から各製造工程にある具体的な製造現場に出庫指示をすること**です。

　MESからの出庫指示を受け取ると、製造担当者（または保管担当者）は指示の数量に合わせて、作業場所別に必要出庫を依頼された原材料を容器に入れるなどして取りそろえ、作業場所ごとに作業開始前に事前準備します。出庫する際の取りそろえる作業のことを**配膳指示**といいます。製造単位に合わせて行う配膳指示もMESで行います。

　食品・医薬品業界の製造工場では、原材料を小分けして出庫する場合もあります。製造工程に出庫され、各作業工程に受け渡された部品や原材料に対して、工程や設備への投入指示・計量指示が出されます。指示に従って、正しい原材料を正しい数量で投入するように統制します。投入時は原材料ラベルをHTで読み取り、品目や計量値をチェックします。計量指示の内容と照らして自動チェックを行うことでヒューマンエラーを防止します。正しくない原材料が投入されそうな場合や、投入量に不

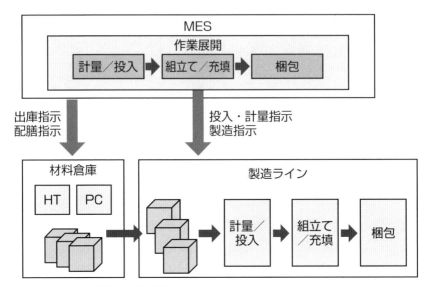

◆**MESによる作業展開・指示出し**

備がある場合はアラートを出すように、事前にMESでの設定が必要です。

作業標準SOPへの準拠

　作業標準SOP（Standard Operating Procedure：標準作業手順書）に沿った作業手順が作業指示となり、実行に移されます。MESには作業手順が表示されますが、SOP通りの作業遂行を明示し、一連の作業を統制し制御する役割を果たします。

　たとえば、指示通りの作業が完了しない場合には、次の作業への移行を制限するような仕組みにすることも可能です。通常MESには、作業標準であるSOPを登録しておく必要がありますが、作業標準は紙媒体で作成されている場合も多く、詳細な作業標準すべてをMESに登録することは難しい可能性が考えられます。

　したがって、一般的には紙媒体での指示が一部加わる状況も考慮しておく必要があります。作業手順は、パネル、HT、制御盤などに表示させるのが好ましく、パネルやHTは、MESと直結した構築が可能です。制御盤への作業転送は、PLCを経由するのが一般的です。

出庫指示・投入指示におけるロット指定および ロットナンバー採番

　出庫や投入を指示する際に、ロットを指定する必要がある場合には、MESを介した**ロット指示**が可能です。これにより、ロットミスの発生を防ぐことができます。賞味期限や有効期限などの期限管理が必要な品目も多くありますが、このような品目に対しても、MES上で期限を管理することで、期限切れ品目を確実に抽出したり、出庫対象から除外したりすることが可能となります。

　また、製造業においては原材料や納入部品、最終製品品目をロットナンバーで管理することが求められますが、このロットナンバーの生成・採番もMESで行うことができます。もちろん、原材料や納入部品のロットナンバーは、それらの製造業者や納品サプライヤーが採番したものをそのままMESに情報登録し使用することもできます。

　MESで品目のロットナンバーを生成する最大のメリットは、**同時にMESを介してロット追跡ができる点**です。製造ごとにロットナンバーを採番すると、MESからラベルを出力し、対象品目に貼る手間が発生しますが、品目を一元管理するためには避けられない工数です。ラベルを貼る手間によってロット管理が可能となり、ピッキングや投入のミスを回避できます。さらに各ロットの製造工程や使用した原材料および部品などを追跡することもできるなど、多大なメリットを享受できるため、できるだけ作業を改善して工数の増加を避けた上で実施することが推奨されます。

　一例として、原材料および納入部品のロットナンバーをバーコードや2次元バーコードで表示するようサプライヤーに委託することで、ラベル貼りの工数は削減できる可能性があります。トレードオフとして購入単価が上がるかもしれませんが、原材料や部品の入庫、およびそれらのロット管理は格段にスムーズになると同時に、ミスも発生しにくいなど、そのメリットは大きいです。たとえば製薬会社では、製造ロットナンバーの採番が医薬品の製造行為の一部となるなど、法規上ロット管理を避

けては通れない業界も存在します。

　さらに、GMP（Good Manufacturing Practice：医薬品の製造管理および品質管理の基準）上の規定による、システムバリデーション（製造行為の妥当性を確認、検証する）の監査対象をMESに限定すれば、確認範囲を限定することもでき、効率化につながります。もし、MESではなく基幹システム側でロットナンバーを採番した場合、基幹システムの変更の度にシステムバリデーションが生じ、無駄な作業になるため、留意したいポイントです。同時に、ここでも改めてMESによるロットナンバー管理の重要性がわかります。

5-4 制御盤、工場設備の管理

MES・PLC・SCADA・LIMSで作業指示、実績データ収集、設備・品質管理を効率化

制御盤・工場設備とのデータ連携

　紙媒体で作業指示を行う製造業は依然として多く存在しますが、このような業界では業務全体におけるそれぞれの工程において、システム化による業務改善の余地が大きいです。特にMESを活用すると、従来の紙媒体での作業指示が回避でき、業務効率の格段な向上が期待できます。

　たとえば、MESで作業指示をする場合、現場に設置されたパソコンやパネルへMESからの作業指示が表示されますが、その指示状況は現場以外の第三者も確認でき、MESによる指示状況全体を統制できます。

　MESからの指示をパソコンに表示させる場合、そのパソコンに直接作業実績を入力することで作業指示と実績を紐付け、管理することができます。

　一方、HTを用いる場合は、表示された指示に対応する実績として、作業対象にバーコードなどが付与されている場合には、それらを読み込むことで実績を登録することができます。設備の制御パネルにMESの指示を転送し、作業指示を行うこともできますが、その際は一般的に、PLCを介してMESによる作業指示が反映されます。各設備の制御パネルに作業指示工程が表示され、それに従って作業を行うことができます。

　また、このように設備の制御パネルに指示を転送する場合には、設備自体の稼働を制御するような作業指示も可能です。

　MESの作業指示を同様にPLC経由で設備に送信することで、**設備の稼働を制御すること**ができます。作業実績は制御パネルを介し、PLCを経由してMESに送信され、収集・管理されます。

計量・配合と実績データの取得

　MESを計量器や配合タンクと連動させ、作業指示を表示できます。計量は、計量器に原材料を載せたタイミングで実行されますが、その結果が計量器に出力されるだけでなく、計量途中のデータをMESにフィードバックする仕組みにすることで、MES側で投入量の許容範囲が判断され、数量を適正に調整しながら計量作業を完了できます。この際、計量結果を随時MESへフィードバックするような仕組みにしておけば、計量実績データはMESを介して取得できるため、作業実績を登録する手間を省くことができます。

　また、投入する原材料には、**在庫管理目的でも認識可能な2次元バーコード方式やバーコードをあらかじめ添付しておくことで、適正か否かをMES側で判断でき、計量作業の精度を向上することもできます**。たとえば、指図と異なる原材料や使用期限の過ぎた原材料コードを読み取った場合、アラートを表示させて、誤計量・誤投入を防止できるようにします。

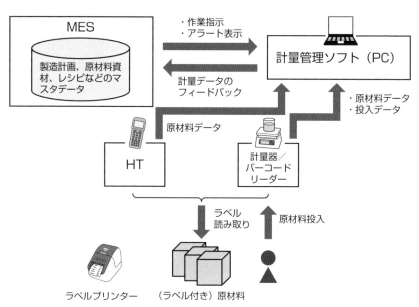

◆**計量作業におけるMES連携と投入制御**

　これらを現場で実践するには、MESによる在庫情報を印字するラベルプリンターを配置しておく必要があり、同時にそれらのラベルを読み込むリーダーも必要です。ラベルのリーダーはHTで代用することも可能ですし、設備側にリーダー機能を備え付けておくことも有効です。

MESでの実績データ収集

　MESは、作業全体を統制する司令塔のような役割を果たすことができ、MESを主軸としてさまざまな作業指示を出し、同時にそれらを統制することが可能です。さらに、作業実績を取得することもできるため、指示通りの作業が遂行されたかどうかを記録し、管理することができます。

　ここで注意したいのは、MESを主軸とした作業実績の記録は、あくまで「作業指示に対する作業実績」であり、たとえば、設備の稼働時間や回転トルク、温度、圧力などに至る設備の詳細な稼働履歴や出力内容まではMESでの取得対象データになりません。このような詳細情報は、MESによる作業実績記録の範囲外と捉えるのが一般的です。

　もちろん、MESでこのような実績取得まで行いたい場合には、既存のMESパッケージのカスタマイズやオリジナルMESの構築により実装可能です。しかし、MESの最大の役割は主として、「**作業の統制および、指示通りの作業が完了したかどうかの記録**」であることを念頭に置いておく必要があります。

　SOPに定義された作業指示に基づき、作業が適正に完了したかどうかの状況を収集・管理することがメインであり、設備の詳細な稼働履歴や製造対象品目の品質情報までを取得し管理するような機能は、MESにはほとんど搭載されていないのが一般的です。基本的に、設備の稼働情報は**SCADA**（Supervisory Control And Data Acquisition）で収集・管理し、品質情報は**LIMS**（Laboratory Information Management System：実験室情報管理システム）で収集します。

　作業に関わるデータの流れですが、作業指示に対する作業実績データはMESに集約されMRPに渡されます。作業指示データは、MESより先にあるデバイス（HTやPLC）、さらに、PLCを介して制御盤や各設備

105

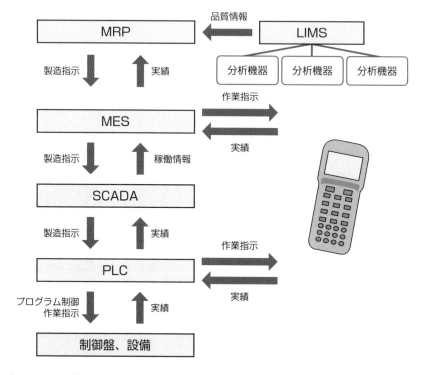

◆MESによる製造指示と実績データの収集

にまで及ぶことがありますが、作業実績データはこの逆の流れで収集されます。各作業現場に、MES端末のパソコンやタブレットがある場合には、これらを介して実績データの登録や収集が行われ、作業実績や完成品目の出来高に関するデータが手入力で収集されます。MESが計量器と連携している場合には、計量、投入工程で計量実績データや投入実績データが記録され、HTを使用している現場では、作業実績や完成品目の出来高がHTで記録されるため、HTを介して実績データが収集されることになります。

　いずれも作業指示のデータの流れと逆の工程を経てMESに実績データが収集され、HTを使用する際にPLCを挟む場合には、実績データ取得時も、HTからPLCを経てMESに収集されることになります。

SCADA と LIMS

　設備稼働実績情報は、基本的にMESではなくSCADAに連携します。SCADAは、**インフラを構成するさまざまな機器やセンサーから得られるデータを収集し、データを分析・監視・制御するシステム**です。SCADAをPLCとMESの間に接続してシステム連携することで、施設内に点在するあらゆる機器の状態をひと目で確認し、コントロールできるようになります。「制御盤⇒PLC ⇒SCADA、設備⇒PLC⇒ SCADA」という流れでデータを収集する構成です。

　LIMSはさまざまな分野で**品質管理システム**として導入されています。分析機器から分析データを直接取り込み、過去実績とのサンプル比較や、法的な基準値チェックなどの品質管理が効率化できます。

作業実績の投入と管理

MES連携、バックフラッシュ、WMSによるスムーズな入庫・出庫・在庫管理

基幹システムからの発注・入庫予定データのMES連携

　MRPでの発注計算による購買依頼が生成されると、購買管理システム（またはERPシステムなどの基幹システム）で発注が行われます。このとき、購買管理システムから発注データが連携され入庫予定データが生成されます。入庫予定一覧を紙で打ち出し、受け入れ時に紙に記入して手作業でチェックするような運用を行う場合、手間もかかり、作業ミスの温床になります。

　そこで、作業を効率化するために、MESに入庫予定データを連携するようにします。入庫日ごとの品目別の入庫予定データがMESに渡されることで、**入庫時に入庫を計上して入庫予定を消し込む処理を自動化**できます。

　入庫データが登録されたら、入庫実績データを基幹システム（ERP）に戻します。MESから取得した入庫実績データをもとに、基幹システム側でも入庫予定が消し込まれ、在庫として計上されます。

　製造工程で資材の投入が発生すると、資材倉庫で管理される資材（部品や原材料）は、出庫により在庫が引き落とされます。各製造工程が完了すると、生産実績の数量分を次工程の工程内仕掛品在庫数量に計上します。資材投入後、製造の最終工程の完了をもって、部品や原材料が材料費として消費され、完了数量が完成品に計上されます。残った部品や原材料は資材倉庫に戻され、再び入庫処理が行われます。

繰り返し生産とバックフラッシュ

　同じ製品仕様に基づいて繰り返し継続的に生産するような生産形態の場合、工程変更や仕様変更が少ない製造ラインで行われることが多いで

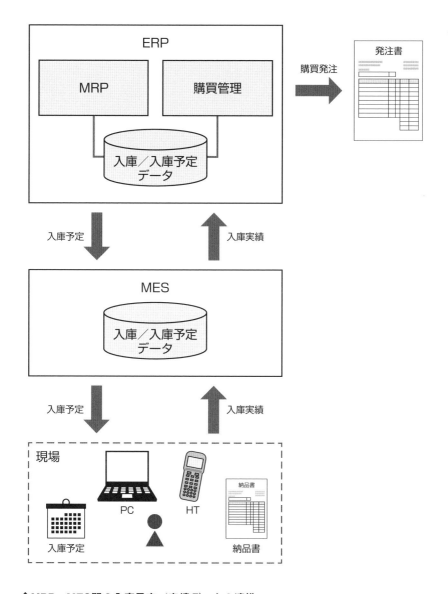

◆MRP、MES間の入庫予定／実績データの連携

　す。このような繰り返し生産では原材料消費や作業時間がほぼ変動せず安定しているため、理論値による**バックフラッシュ**が用いられます。バックフラッシュとは、在庫を受け入れる側のデータを用いて在庫を出す

側の払出しデータを自動作成することです。

バックフラッシュでは出庫などの実績データを取らず、完成出来高に応じたBOMの数量見合いで原材料を引き落とします。実際の現場では、残った部品や原材料は資材倉庫に戻され、再び入庫が行われますが、出庫に関わる受け払い処理は行いません。バックフラッシュは資材倉庫での出庫が省略できるため、作業工数を削減できます。

製品・中間品の完成入庫

製品の加工工程で最終の工程が完了した製品は、製品倉庫内の収納設備などに収納され、**完成入庫**として計上されます。MESで完成入庫になると、MESの製造オーダーが消し込まれます。

中間品は完成したときに、原材料等倉庫の保管担当者に引き渡されます。保管担当者は中間品を原材料等倉庫内の収納設備に収納し、その数量を仕掛品として計上します。

完成品・中間品の製造実績・入庫データは基幹システムに戻され、製造指図の消し込みが行われます。

不良品・滞留品の処分

前工程から渡された仕掛品を加工しようとしたときに、その中に不良品があることがわかり、当工程の加工を行わずに前工程に戻す場合や、検査工程で不合格となった場合に、発生した不良品の管理を行う必要があります。不良とされた製品、中間品、仕掛品は、前工程に戻して処理を行うもの、同工程で加工し直すもの、廃棄処分するものなど、不良の内容によって分別され、その後の処理を行う作業場に運搬されます。

ここでのモノの移動情報は正しくシステムで管理する必要がありますが、このような在庫の更新を行うには、「**不良品が発生した後の処理のために仕掛品がどのようなロケーションに運搬されるのか**」についてのルールが明確化されている必要があります。

不良とされた製品、中間品、仕掛品は再加工などを施すものとしてその処理を行う作業場に置かれますが、当初の判定が不適当などの理由で、

その処理が中断されたままになる場合があります。正常な製品、中間品、仕掛品、原材料で長期間使用されないものは、引き続き生産目的で保管するかどうかを決めなければなりません。定期的に在庫管理システムの情報を用いて滞留在庫の状況を把握・管理し、管理コストを削減する必要があります。

WMSによる倉庫内の在庫管理

WMS（Warehouse Management System：倉庫管理システム）は倉庫への貨物、資材、商品の入出庫管理や在庫管理などの機能を搭載したシステムです。WMSは「倉庫内」の管理に限られており、倉庫内の在庫情報や人員の管理がメインです。在庫管理だけではなく、入庫管理、出荷管理、棚卸管理や帳票、納品書の作成機能などもあります。WMSを導入することで、ヒューマンエラーを最小化し、作業時間の短縮や生産性の向上に役立ちます。

資材の受け入れに関して、WMSが存在し基幹システム（ERP）に統合して使用されている場合、WMSで入庫処理が発生すると、基幹システムからWMSに入庫予定データが渡されます。MESでの在庫管理と同様に、入庫予定データが登録され、入庫実績データをもとに入庫予定表の消し込みが行われます。MRPの生産計画に基づく出庫指示がWMSに送られ、WMSか出庫処理が発生すると、製造現場に受け渡された時点でMESに対し製造現場へ入庫データが渡されます。

在庫管理

入庫管理　出荷管理

棚卸

帳票、納品書の作成

◆WMSの機能

111

生産管理の グローバル化

各国拠点で素早い情報共有を実現し生産効率を高める手法

製造業のグローバル化

　昨今では多くの日本企業が海外に進出を果たし、グローバルな市場で活躍しています。製造業においても、海外に製品の生産拠点を設けて、現地での販売・生産を行っています。海外向け製品の企画、設計、原材料の調達、製造、流通などの部門を各国に分散し、生産効率を向上させることでコスト削減に取り組んでいます。

　このような環境において、各地に合わせた個別の生産管理システムが導入され、全体として統一されていない場合、システムの利用価値が最大限に発揮されません。メールや口頭で伝えるといった場合、正確な情報を共有するのに手間が生じ、各地の販売状況などを本社でスピーディに把握することができないためです。

　システムを利用して各拠点間での連携スピードを速め、国内外問わず複数の拠点における生産進捗、製品品質などの実績を共有し、生産全体の効率を高めることが求められます。

　国をまたいだ工場間でも部品の取引が発生し、複雑なサプライチェーンが形成されるような場合は生産管理業務が複雑化します。生産マネジメントと製造工程の管理を行う対象範囲が、国内の単一工場から世界の各拠点に拡大するためです。海外では生産が難しい一部の部品を国内拠点で製造し、最終製品の製造を海外の生産拠点で行うといったフローの場合、国内からの部品の供給に要する時間もリードタイムとして加味する必要があります。

グローバル化における負荷配分

　生産マネジメントの視野が国内工場にとどまらず、世界の各拠点の計

画管理を行う場合は、**各国工場の生販在計画を統合し、工場や国をまたいだ生産計画の共有**が必要です。

　複数工場間で同じ製品を作っている場合、お互いに生産調整が必要になる場合があります。たとえば、B工場で生産数量が過剰になり、工場の負荷（仕事量）が生産能力を超えてしまった場合、同じ製品を作るA工場に負荷（仕事量）を振り分け、期間別の生産量を調整することがあります。こうした業務を**負荷配分**といいます。

　負荷配分を担うシステムは相互の工場の生産能力を把握し、その他の製品にかかる負荷も考慮した上で調整する必要があります。もし、ある工場でトラブルが発生し、生産能力がひっ迫しているなら、必要に応じて負荷を配分し、供給を安定させます。逆に負荷が不足し、稼働が維持

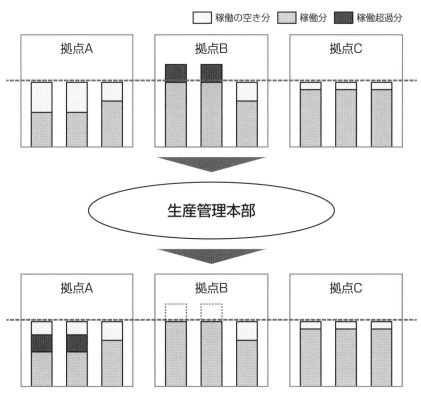

◆グローバル拠点間の負荷配分

できない工場があれば負荷を配分し、工場収益の維持を支援します。このように、個別管理では解決が難しい問題を**グローバルな情報共有を通じて解決できる体制作り**が求められます。

　国をまたいだ負荷配分では、国ごとに物流リードタイムが相違することがあり、そうなると需要に対する生産計画も変わるため、調整がより難しくなります。そのため負荷配分を行うには、**グローバルの仕販在計画、生販在計画と各拠点での生産計画、調達計画を可視化する**必要があります。

生産計画のグローバル化とSCP

　生産計画もグローバルに集計し、可視化します。このとき、システムは**SCP**（Supply Chain Planning）で統合します。SCPとは、原材料の仕入れから生産、出荷に至るまでのモノの流れ（サプライチェーン）について、各段階の計画を作成するためのシステムを指します。SCPから各国工場の工程別負荷を取得し、稼働計画を一元管理します。これにより、工場間で必要に応じた負荷配分を行い、生産の安定化を図ります。

　調達計画についてもグローバル化に伴う対応が求められます。限られたサプライヤーによって供給される高度な部品など、特定のサプライヤーに発注が集中する可能性もあります。そうなると、各国工場への供給が滞り、生産ができなくなるリスクもあります。そのため調達計画もグローバルに集計し、可視化する必要があります。

　また、SCPに世界中の需要と生産計画、調達計画を統合し、重要なサプライヤーに対しては調達本部が必要な情報を集約した上で調達を行う必要もあります。

　SCPは調達・物流などサプライチェーンの管理を行い、各国の工場に生産計画を供給します。ここでは、生産現場におけるさまざまな制約条件を考慮して実行可能な計画を作成する必要があります。各工場では、SCPから受けた生産計画をもとにスケジューラーが詳細スケジュールを作成し、MESを通じて作業指示を生産現場に出力します。生産現場では生産を行い、MESは工場の生産業務を管理し、スケジューラーに

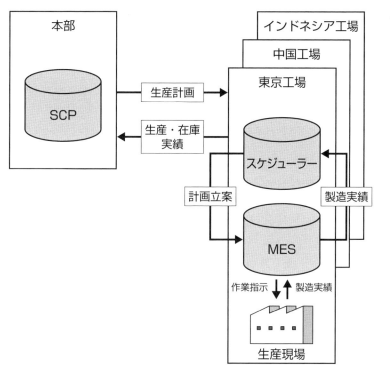

◆SCPによるスケジューリングと実績収集

実績情報を供給します。スケジューラーは作業実績をもとに詳細スケジュールのリスケジューリングを行います。SCPはスケジューラーから生産・在庫の結果を実績情報として受け取り、SCPで管理する調達情報とあわせて生産計画の再計算を行います。

グローバルSCMによる計画立案

納期遵守、在庫削減など企業のサプライチェーン・オペレーションには、**SCM**（Supply Chain Management）はなくてはならない仕組みとして定着しています。SCMは原材料の調達から製品の配送まで、モノの流れ、お金の流れを情報の流れと結び付け、サプライチェーン全体で情報を共有、連携し、全体最適化を実現するための経営手法のことを指します。

115

グローバルSCMでは国内拠点だけでなく、海外にある生産拠点・販売拠点も含めてマネジメントを行います。そのため、世界中の拠点での原材料の調達から製造、流通、販売、そして消費に至るまでモノとお金の流れを一元管理する必要があります。生産がグローバル化するに従って、グローバルSCMが必要になります。生産管理の枠組みを越えて、海外販社と本社の営業組織を巻き込んだ計画立案と調整を行うことが必須になります。

生産管理の標準化

　どの従業員が担当しても安定した品質を保てるように、業務手順を標準化する必要があります。そして、世界中どの拠点に行っても、標準化された業務手順が運用されているべきです。標準化により無駄をなくし、高効率な作業や業務を行うことにより、生産性向上とコスト低減にもつながります。生産計画、スケジューリング、製造指示、実績収集などの業務手順や現場担当者の報告事項、報告方法を統一する際は、利用するシステムも各拠点で統一することを検討しなければなりません。

　システムを統一するとはいっても、商習慣や規制によって国ごとに差別化しなければならない業務も存在するため簡単ではありません。そのため利用可能なシステムの選定も変わってくるでしょう。それでも、導入するシステムは可能な限り統一します。拠点ごとの個別の要望が発生することもありますが、統一化を進めるためには、**必要最低限で受け入れ、個別機能の開発は極力なくすこと**が重要です。

　全拠点を一度に統一するのが難しい場合は、対象拠点をエリアで分けて機能を集約することも考えます。世界各国が対象となる場合は、拠点ごとの時差や言語の違いなどを考慮する必要があります。拠点が変わっても現場の従業員にとってわかりやすく、使いやすいことが重要です。

　インフラは**パブリッククラウド**（または**プライベートクラウド**）を活用し、仮想化による統合を行います。その上に共通化したパッケージなどの基幹システムを導入します。システム内で利用する設定情報や、データベースに保持するマスタデータ（定義工程の定義、BOM、品目コー

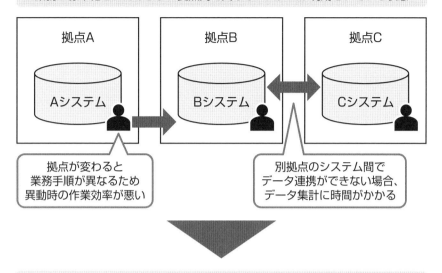

業務が標準化されておらず、拠点間で異なるシステムが利用されている状態

| 拠点A | 拠点B | 拠点C |

Aシステム

Bシステム

Cシステム

拠点が変わると
業務手順が異なるため
異動時の作業効率が悪い

別拠点のシステム間で
データ連携ができない場合、
データ集計に時間がかかる

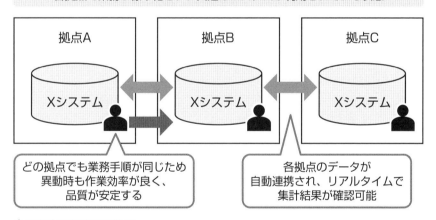

各拠点で業務が標準化され、共通のシステムが利用されている状態

拠点A 拠点B 拠点C

Xシステム

Xシステム

Xシステム

どの拠点でも業務手順が同じため
異動時も作業効率が良く、
品質が安定する

各拠点のデータが
自動連携され、リアルタイムで
集計結果が確認可能

◆生産管理業務の標準化

ドなど）は標準化されたものを利用します。

　業務が標準化され、システムが統一されていると異動も容易になり、人材の育成コストや採用コストを削減できます。どの拠点から操作しても同じインターフェースで、同じ業務フローになるのでわかりやすいです。

通常業務だけでなく、マネジメント業務も標準化します。生産計画の立て方、工場別のキャパシティ計算、在庫の定義、原価計算の方法、マネジメントすべき項目や報告のやり方などです。これらが標準化され、統一されていれば、異動しても引継ぎコストを極力削減できます。

全国の事業所、工場で使用される通常業務やマネジメント業務の作業手順は、**異動してもすぐにわかる形に標準化、統一化しておくべき**です。

┃S&OPとグローバルPSIの構築

グローバルで生産・調達を確実に成り立たせるためには、世界中の需要や生産・調達状況を可視化するだけでは不十分で、グローバルでの販売計画、仕入計画、生産計画、調達計画を集約する必要があります。

マネジメント業務で生産管理として最も強化すべきは計画業務です。

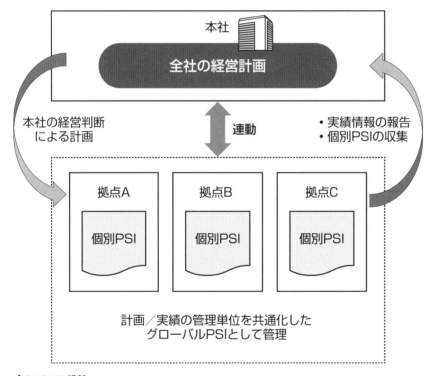

◆S&OPの構築

118

S&OP（Sales and Operations Planning）を構築するために、グローバルで**PSI**を標準化し、統一すべきです。

S&OPはSCMから発展した概念の1つです。経営と販売、製造の現場が情報を共有し、意思決定を早め、サプライチェーン全体の最適化を行う手法を指します。また、PSIとは、Production（生産）、Sales（販売計画）、Inventory（在庫）の頭文字を取ったもので、生産・販売・在庫を同時に計画することを指します。

各国個別のPSIを吸い上げ、グローバルPSIにし、本社で意思決定します。

現場によって計画や実績の管理単位が異なると、データの集計や比較に時間がかかり、情報鮮度が低下します。結果として本社での迅速な経営判断が難しくなります。そのため、各拠点の計画が全社計画と常に整合性の取れていることが求められます。

情報鮮度を保った状態で経営判断に使用できるデータを取得するには、**販売計画や商談管理のやり方、データの管理単位を統一しておき拠点間データの連動性を高めておくこと**が重要です。

各拠点が個々の都合のみで販売計画、生産計画、調達計画、物流計画を作るのではなく、本社の意思決定を踏まえた計画策定を行うようにします。S&OPで情報取得とともに重要となってくるのが、計画自体の評価・見直しです。日々状況が変化することを念頭に、一度策定したビジネスシナリオや業務計画であっても**定期的に評価を行い、必要に応じて見直しをかけていくこと**が重要です。

生産技術の本社工場への集約とグローバル配信

海外生産が多くなると、設計業務の現地化が進み、拠点独自の設計が行われるなど、本社で統合管理が難しくなります。機密性の高い図面を紙媒体で共有したり、編集可能なCADデータを制限されていないネットワークから自由に取得できる状態にしたりすると、情報の流出や二次利用のリスクが懸念されます。これらのデータは電子化し、かつセキュリティレベルを上げた状態で本社にて一元的に管理することが望ましい

です。契約終了時などには、本社の権限に基づく設定により、対象拠点からの利用を停止し、データへのアクセスを禁止する機能が必要となります。拠点個別の設計が必要となる場合は、アクセス制限を行い、外部媒体への書出しを禁止するなど利用ルールを厳格化した上で、データ編集を許可することが望ましいです。

このようにグローバルな生産体制において、安全で効率的なデータの共有を実現するためには、**各拠点で利用するCADシステムやマスタ管理を統一する**必要があります。

これまでは多くの企業で、拠点ごとに個別でシステムを導入し、マスタ管理も統一化されていないといった運用が多く見られました。その結果、品目データや構成データが異なるコード体系で管理され、管理者が拠点間のデータを統合する際に膨大なコストが発生してしまいます。

これらのマスタデータや設計情報を一元管理し、各拠点に配信できる環境を構築するためには**PLMシステムまたはPDMシステムを使ったデータ統合管理**を行います（5-1参照）。PLMシステムで図面情報や品目データ、構成データなどのマスタデータを管理することで、各データの変更管理や各拠点へのデータ配信が効率的に行えます。

第6章

6

在庫管理に付随する
関連システム(2)
販売管理

まずは販売の計画を立てる

販売計画の重要性を知り、経営者・現場の視点や需要の把握で効果的に策定せよ

事業を継続する上で重要な販売計画

　本章では在庫管理と連携する販売管理システムについて解説します。その前に、まずは販売計画について触れておきます。

　販売計画とは、予算計画の1つである売上予算を達成するにあたり販売に関わる内容を策定します。つまり、売上目標の達成をどのように実現するかであり、一般的に次の観点から期間別に売上目標を決めていきます。

　　・範囲分け：地域別・営業所別・販売担当者別
　　・カテゴリー分け：得意先別の売上・製品別の売上
　　・販売製品詳細：対象製品・価格・数量

　たとえば、地域Aの営業所Bにおける販売担当Cさんは、得意先aに対して商品bをc円でd個販売するといった計画を立てることになります。

◆地域A、営業所B、販売担当Cの月次販売計画

商品名	得意先	単 価	数 量
aaaaa	○（株）	1,000	200
bbbbb	○（株）	1,500	150
aaaaa	（株）△	1,000	300

※得意先：商品の販売先

　販売管理システムでは計画登録機能を持たせ（販売担当の情報に営業所／地域の情報が紐付いていることが前提ですが）、得意先に対する製品別の売上計画データを販売担当別に用意することで、地域、営業所、販売担当、得意先、商品の計画データの集計が可能です。そしてこの計

画と蓄積していく販売実績から、**販売計画の達成率**が把握できます。

販売計画と販売実績による状況把握

　たとえば、計画と比較し製品が飛ぶように売れている場合、そのこと自体は喜ばしいことですが、何らかの対策をしないと在庫不足による機会損失が発生することが予想されます。一方、計画と比較し製品の売れ行きが思わしくない場合、やはり何らかの対策をしないと過剰な在庫を抱えてしまうことが予想されます。なぜ計画通りではないか、たとえば計画自体に実現性がなかった、もしくは予測できないきっかけによる需要の拡大・縮小などその要因はさまざまであり、都度状況を把握し対策を講じる必要があります。そのためにも、**計画と実績から自社の状況を把握すること**は非常に重要です。

生産および在庫に影響を及ぼす販売計画と実績

　販売計画は製品の生産量と密接に関わっています。当たり前ですが、販売計画は製品を売る計画であり、売るためには製品が必要です。そのため、一般的に生産計画は販売計画に従い策定されます。ある月に商品Aを1,000個販売するのであれば、1,000個生産する必要があるからです（実際は在庫状況などが勘案されます）。もちろん計画はあくまで計画であり、前述の通り実績と比較し状況を把握することが重要です。そしてこの計画と実績を用いた状況把握から、ある商品の増産／減産といった**生産の調整**につながります。最後に、生産と密接に関わるということは在庫にも影響するということです。つまり、**販売計画とその実績は企業の各所に波及する重要な計画**になります。

販売計画に影響する複数の視点

　販売計画の策定には、まず**経営者の視点**があります。経営者の立場からすると、当然自社の価値を高めるために業績を上げたいと考えます。つまり販売計画は高く設定されます。

　次に、**現場の視点**があります。販売担当の立場からすると、いくつか

のケースが考えられます。正確に計画を立てる人もいれば、商談時に在庫がないと困るからといって多めに計画を立てる人、もしくは計画通り販売する自信がなく少なめに計画を立てる人などさまざまな考えがありそうです。ここで重要なのは、生産・在庫に影響を及ぼす販売の計画をいいかげんに策定するわけにはいかない、ということです。

販売計画を策定する上で必要な情報

前述した経営者視点で業績を上げるために極端に理想を追い求めた計画を策定してしまうと達成ができません。現場も明らかに達成不可能な目標ではモチベーションが上がらないでしょう。一方、極端に消極的な計画では企業は成長していきません。販売計画は現実感を持った達成可能な計画である必要があります。

実際に計画を策定する上で考慮する情報はさまざまですが、最も重要な情報の1つは、**販売する製品の需要がどれだけあるのか**です。需要のない製品を生産し販売したところで誰も購入しませんし、需要のある製品を生産しないのであれば販売するものがありません。そして、その需要について把握できれば、販売計画へとつながっていきます（もちろん製品の生産数や在庫数にもつながります）。

6-2 需要予測

人・統計による予測手法、季節ごとの需要変動の予測手法を使い分ける

もし未来の需要を見通すことができたら

　この商品は1カ月後に1,000個の需要がある、あの商品は半年後に1,000個の需要がある……。先々の需要を完璧に把握することができ、その需要に対して十分な生産力を持つと仮定すると、機会損失リスクに備えて完成した製品の在庫を確保しておく必要がないということです。つまり必要になるタイミングに合わせて製品を生産し、出荷していけば良いのですから、在庫スペースは必要最低限で済むことになりコストが削減できます。また過剰な在庫を抱えてしまうことによる、最終的な在庫破棄リスクもありません。

　このように需要を正確に把握できれば、需要が把握できない状態と比較していろいろなコストの削減につながります。したがって、販売計画は未来の需要に従って立てるのが理想です。けれども、未来を完璧に把握することはできません。

需要はできるだけ正確に予測したい

　前節で述べた通り、販売計画を策定するには理想だけでなくある程度の需要をあらかじめ見込む必要があります。しかし、本節の冒頭でも述べた通り、現実問題として需要の把握は非常に難しいものであり、完璧な把握は不可能です。不可能ではありますが、販売計画を策定する上で必要な情報であるため、**需要予測**は必要です。ただ現実と大きく乖離した需要予測をしてしまい、需要予測をベースとした販売計画が破綻してしまうと、企業としては大きな打撃を被ることになります。そのため、限りなく正確な需要予測を企業は求めています。

需要予測手法

　現在需要予測に使用される手法は大きく分けて2つあります。

　1つは、**人による予測**です。この「人」とは、得意先に対する営業担当者であったり、店頭の販売員であったりとさまざまですが、共通する点は機械的に需要を予測するのではなく、経験や勘、感覚といった個人が持つ情報をベースとした需要予測です。

　もう1つの手法は**統計による予測**です。これは前者とは異なり、企業が持つ過去の販売実績データをベースとし、計算によって機械的に将来の需要を予測します。それぞれについて詳しく見ていきます。

人による予測

　前述の通り個人が持つ情報をベースとして需要を予測します。特徴として、近い未来の需要はある程度正確に予測できます。一方で長期の予測には向いていません。

　この手法の難点は、根拠が人ベースであり後述する統計による予測と比較し、納得感に欠ける部分があります。また、何よりも個人に依存する予測手法であるため、その人が退職や離職など何かしらの理由により担当から外れた場合は、その後の需要予測ができなくなるリスクがあります。

統計による予測

　統計を用いる場合は、過去の販売実績や需要予測データをベースとして需要を予測します。特徴として、中長期の需要予測に向いていますが、突発的な需要変動を予測することは難しいです。人による予測と比較し、蓄積されたデータから計算によって導き出されるため、納得しやすい客観的な予測になります。統計による予測にはさまざまな手法があります。以降では、代表的な手法をいくつか紹介します。

◆人による予測と統計による予測の特徴

	長　所	短　所
人による予測	近い未来の需要を予測できる	・長期の予測に向いていない ・属人化しやすい
統計による予測	・中長期の需要を予測できる ・納得しやすい客観的な予測になる	突発的な需要変動を予測できない

単純な手法による予測

まずは、需要を予測する単純な手法をいくつか紹介します。

算術平均法

最もシンプルな手法です。過去の実績値の合計をその個数で割る平均値を用いて需要予測とします。需要の傾向が不規則であり、今後も不規則な状態が続く場合はおおよその値を求めることができます。ただし、あくまでおおよその値であるため、詳細な需要予測とはなりえず、誤差が生じる可能性を多分に含んでいます。たとえば、下図の上段は4月から9月までの6カ月間の実績を集計して10月の予測値を、下段では10月の実績値が固まった後、4月から10月の7カ月間の数値を集計して11月の予測値を算出しています。基本的には月次データが増えれば増えるほど、需要予測の精度は上がる傾向にあります。

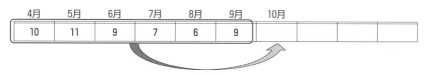

10月の予測　＝（10＋11＋9＋7＋6＋9）÷6＝8.66

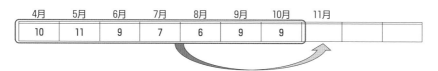

11月の予測　＝（10＋11＋9＋7＋6＋9＋9）÷7＝8.71

◆算術平均法による需要予測例

単純移動平均法

算術平均法と同様にシンプルな手法です。平均値を用いる点は変わりませんが、算術平均法との差異は平均値を求める範囲を計算の度にズラすところです。

次の例は1カ月の需要を予測する上で過去6カ月の実績の平均値を求めています。10月の予測は4～9月の平均値、11月の予測は5～10月の平均値といった形になります。

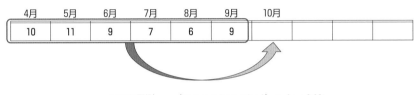

10月の予測 ＝ (10＋11＋9＋7＋6＋9) ÷ 6 = 8.66

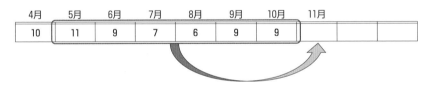

11月の予測 ＝ (11＋9＋7＋6＋9＋9) ÷ 6 = 8.50

◆単純移動平均法による需要予測例

加重移動平均法

この手法は、平均を取得する実績データに対して、**重みづけ**の概念を取り入れた移動平均法になります。先ほど紹介した単純移動平均法では、各月のデータの重要性は等しい、という考えのもと平均を算出しています。一方で、加重移動平均法は過去になるに従いデータの重要性が等間隔で下がる、つまり**直近のデータを最も重く扱う手法**です。次ページの例は単純移動平均法の例に、0.6～0.1の重みを0.1間隔で割り当てています。

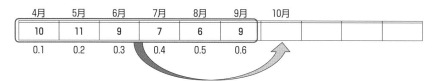

10月の予測　＝　(10×0.1+11×0.2+9×0.3+7×0.4+6×0.5+9×0.6)
　　　　　　　　÷ (0.1+0.2+0.3+0.4+0.5+0.6) ＝ 8.14

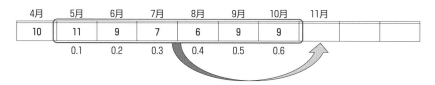

11月の予測　＝　(11×0.1+9×0.2+7×0.3+6×0.4+9×0.5+9×0.6)
　　　　　　　　÷ (0.1+0.2+0.3+0.4+0.5+0.6) ＝ 8.23

◆加重移動平均法による需要予測例

指数平滑法

　指数平滑法は過去の予測値と実績値両方を利用し、重みづけの概念も持つ予測手法です。ここまでに紹介した手法より少し複雑になります。0以上1未満の値を取る係数αを利用し、次の計算式から予測値を求めます。

予測値＝前回予測値＋α×（前回実績値－前回予測値）

　予測値はαの値が1に近いほど前回の実績値が重要視され、反対に0に近いほど過去の予測値の傾向が重要視されます。

　このαはどのように設定するのかですが、蓄積されている過去データからシミュレーションを実施し、予測値と実績値の誤差が最少になる値を調査するのが簡単な方法です。たとえば移動平均法の例に利用した値を再度利用し、αの値を0.2と0.4としたシミュレーション結果は次のよ

うになります。なお、予測値の初期値は実績値とし、誤差は絶対値で取
得します。

◆シミュレーション結果

月	実績値	予測値 （α=0.2）	誤　差	予測値 （α=0.4）	誤　差
4	10	10	0	10	0
5	11	10	1	10	1
6	9	10.2	1.2	10.4	1.4
7	7	9.96	2.96	9.84	2.84
8	6	9.368	3.368	8.704	2.704
9	9	8.6944	0.3056	7.6224	1.3776
誤差平均値			1.4722		1.5536

　シミュレーション結果からαには0.2を採用したほうが誤差を少なく
見積もれることがわかりました。もちろん実際は0から1の間を0.1間隔
や0.01間隔で詳細にシミュレーションします（最適なαの値を自動的
に算出する仕組みを用意するか、用意された製品を用いることが望まし
いです）。この例の場合、シミュレーション結果を利用し、10月の予測
を行うと次のようになります。

$$10月の予測値＝8.75552 ＝8.6944+0.2×（9－8.6944）$$

季節を考慮する

　ここまでに紹介した手法は季節（一定の周期）により需要変動が予想
される商品には適していません。たとえば、ウィンタースポーツ用品は
シーズンの入り口である秋の終わり頃から冬季が需要の最も高まる期間
です。そのため、前述の例のように過去6カ月間の実績値から需要を予
測すると、シーズンの入り口は需要を低く予測し、シーズンの終わりは
需要を高く予測してしまうことになります。次ページの例はわかりやす
く単純移動平均法を用いて予測を行った場合です。

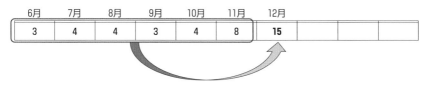

12月の予測 ＝ （3＋4＋4＋3＋4＋8）÷ 6 ＝ 4.33
予測4.33に対し実績15

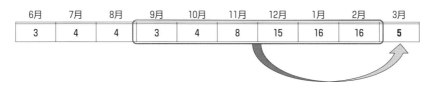

3月の予測 ＝ （3＋4＋8＋15＋16＋16）÷ 6 ＝ 10.33
予測10.33に対し実績5

◆12〜2月に需要が集中する製品例（単純移動平均法）

　ここで取り上げた数値はあくまで一例ですが、季節に従って需要変動を持つ製品に対しては誤差が大きくなってしまうことがわかります。

トレンドを考慮する

　トレンドとは、需要が増加傾向にあるのか、減少傾向にあるのかを指します。ここまで例として示した6カ月といった短い期間ではなく、数年といった長い期間で需要は増加しているのか、それとも減少しているのかを、過去の販売実績から分析し把握します。たとえば、2019〜2021年の期間において年単位で販売実績を確認すると増加傾向が見て取れた場合、2022年の需要は引き続き上昇する可能性が高いです。前述の季節による需要変動同様、単純な予測手法ではこの増加／減少の傾向を判断して需要を予測できません。

季節・トレンドを考慮した手法

　それでは、季節・トレンドの概念を含めた需要予測手法を紹介します。

前述の指数平滑法へトレンドの考慮を追加した手法に**ホルト線形法**という手法があり、さらに季節変動の考慮を追加した手法が**ホルト・ウィンターズ法**になります。この手法では前述の指数平滑法を使用して求めた予測値を、トレンドを考慮しない予測値レベルをl_tとして表現します。トレンドは長期的な需要の増加傾向、減少傾向を示す傾きをb_tとして、季節による需要変動における周期をm（四半期であれば4、1年であれば12など）、季節変動値をs_tとして表現します。実績値の時系列データ$y_1, y_2, y_3...y_n$に対して、次の式から予測値である$\hat{y}$を導き出します。

$$\hat{y}_{t+h} = l_t + hb_t + s_{t+m-m(k+1)}$$
$$l_t = \alpha(y_t - s_{t-m}) + (1-\alpha)(l_{t-1} + b_{t-1})$$
$$b_t = \beta(l_t - l_{t-1}) + (1-\beta)b_{t-1}$$
$$s_t = \gamma(y_t - l_{t-1} - b_{t-1}) + (1-\gamma)s_{t-m}$$

t：取得済みの時点、h：予測する期（h期先）

$k : \dfrac{h-1}{m}$の整数部

　ここで定数α、β、γの値の決定は、残差平方和（$\Sigma_{t-i}^n(y_t - \hat{y}_t)$）を最小にする最適化問題となります。最適化アルゴリズムはいくつかありますが、一例として、微分を必要とせず関数の値のみで最適化が可能であり、比較的手軽に利用できる**ネルダー–ミード法**という手法があります。計算式は需要予測から外れるため本書では割愛しますが、統計解析に利用するR言語ではoptim関数のデフォルト手法として実装されています。また、ある程度当たりを付けて指数平滑法と同様のシミュレーションを実施して最適値を求めても問題ありません（データ量が少なく、計算量を気にする必要がない場合）。

　なお、本手法ではデータ量が少なく季節変動値を正確に求めることができない場合において、別の製品の季節変動値を流用できます（当然同じ季節変動が見込まれる製品である必要があります）。

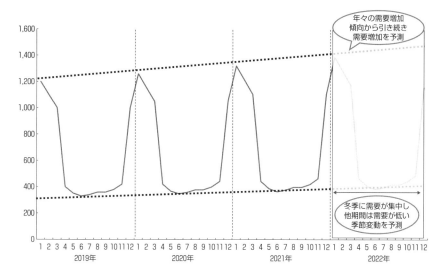

年々の需要増加傾向から引き続き需要増加を予測

冬季に需要が集中し他期間は需要が低い季節変動を予測

2019年　2020年　2021年　2022年

◆季節・トレンドを考慮した予測グラフ例

　ただし、流用時に注意しなくてはならない点として、同じカテゴリーの商品であっても別の季節に需要が変動する場合があります。たとえば登山用品というカテゴリーがあるとします。一般的には春から秋にかけて楽しまれているものなので、需要もそれに合わせて変動します。ただし、冬に登山をする人もいます。冬の場合は春から秋の登山とは必要な装備が違うため、登山用品の中でも冬に需要がある製品があります。つまり、あるカテゴリーに属する商品全体に、同一の季節による需要変動モデルを当てはめることはできません。**製品個別にそれぞれ需要変動モデルを見極める必要がある**ということです。

　次ページの図のカテゴリーA内の製品は需要変動の周期が同一なため、カテゴリーに対して同じ季節変動値を設定しても問題ありませんが、カテゴリーB内の製品cは製品a・bとは違う周期を持つため、カテゴリーに対して同じ季節変動値を設定してしまうと正しい予測ができません。そのため、**製品個別に設定を変更できるようにする必要**があります。

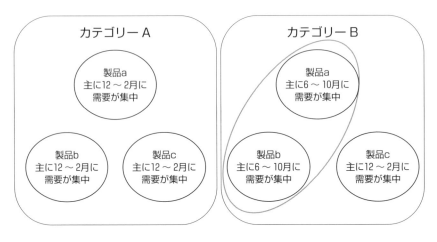

◆カテゴリー内の需要変動モデルにおける差異の可能性

コーザルを考慮する

　さて、ここまでに紹介した需要予測手法は時系列データをもとに将来の予測値を求める手法でした。ここからは視点を変え、売上に影響を与える**コーザル**（causal）に着目します。販売におけるコーザルとは、気象情報、曜日、イベント、時間帯、営業担当者数、地理情報などが該当します。このようなコーザルデータを考慮する手法を以下に紹介します。

回帰分析法

　回帰分析法とは、目的変数（将来の値）と説明変数（コーザル）の関係を表す計算式である「予測モデル」を推計し、これを活用して需要予測を行う手法です。今まで紹介した手法は計算式がありデータを当てはめることで予測値を得ましたが、回帰分析法は予測値を得るための計算式である予測モデルを求めます。

　たとえば、降水確率（説明変数）と売上（目的変数）の関係を分析したい場合は、次ページの式になります。このような説明変数が単一のものを**単回帰分析**と呼びます。

$$売上＝a（降水確率）＋b$$

　この降水確率と売上に対し、次のサンプルデータが与えられた場合を例として、単回帰分析について確認します。

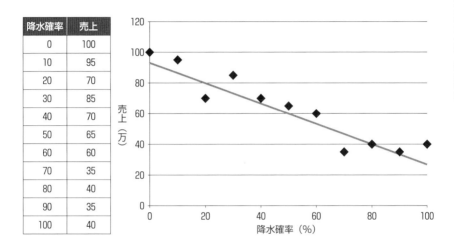

降水確率	売上
0	100
10	95
20	70
30	85
40	70
50	65
60	60
70	35
80	40
90	35
100	40

◆降水確率と売上のサンプルデータ

　単純にサンプルの表、そして散布図から読み取れることは、降水確率が高くなれば売上が落ちる傾向にあるということです。ただし、偶然によるバラつきがあるため完全に比例するわけではありません。このサンプルデータから、降水確率がある値のときに売上の予測値を求めるには、提示した式のパラメータであるa（傾き）とb（切片）をうまく設定し、サンプルの散布図内の直線を表現する予測モデルを導き出すことです。この予測モデルを使用し、説明変数の値から目的変数を求めることができるようになります。次の式は、aとbを求め完成した予測モデルです。

$$売上＝-0.651（降水確率）＋95.3333$$

なお、aとbの値は指数平滑法やホルト・ウィンターズ法と同様に、**予測値とデータの誤差が最少になる値が最適値**となります。計算式は割愛しますが、統計解析ソフトやR言語、表計算ソフトには回帰分析用の関数や機能が標準で備わっているため、aとbの値を求めるのは難しくありません。

　このサンプルでは降水確率を変数として売上を求めるモデルであり、前述の通り変数が単一であるため単回帰分析と呼ばれますが、たとえば降水確率と時間帯を変数とするような変数を複数持つ回帰分析は**重回帰分析**と呼ばれます。

回帰分析における説明変数の選択手法

　回帰分析を行う上で注意することとして、予測モデルに含める説明変数に何を設定したら良いのかをしっかり検討する必要がある点です。当たり前ですが、説明変数の対象に目的変数にあまり関わりのない要素（相

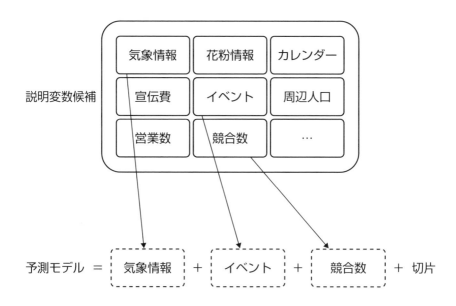

※図中の予測モデルは傾きを含む

◆説明変数には何を選択するか？

関関係にない）を選択してしまうと、有効な予測値を得ることができません。あるデータを確認したときに相関関係にあるように見えたものの、実は相関関係にない場合もあります。

　また、これは目的変数を何にするかによりますが、説明変数が少な過ぎる場合、逆に多過ぎる場合も有効な予測値を得ることができません。図はいくつかの説明変数候補から実際に使用する説明変数の選択が必要であることを示しています。回帰分析法を使用する上で重要なのは**数ある説明変数候補から何を選択し、何を選択しないか**になります。

　しかし、実際の説明変数にはいろいろな要素が登場することが容易に想像できます。大量の説明変数候補を対象に、たとえば表計算ソフトを利用してすべての組み合わせを試し、最適な選択の組み合わせを導き出すのは、現実的ではありません。以下で2つの選択手法を紹介しますが、一般的に使用されるのは後者のステップワイズ法です。

強制投入法

　すべての説明変数候補を使用して予測を行う方法です。しかし、前述の通り説明変数候補を選択しないという判断も重要です。そのため、大量の説明変数候補を強制投入法の対象とする前に、事前にある程度数を絞ってからこの手法を実施する必要があります。繰り返しになりますが、**相関のない説明変数が混じると予測精度が下がるので注意**が必要です。

ステップワイズ法

　この手法にはいくつかの種類がありますが、本書では**変数増減法**をステップワイズ法として扱います。なお、その他の手法には変数増加法、変数減少法、変数減増法があります。

　このステップワイズ法（変数増減法）は説明変数の候補から1つずつ取り込む／取り除く操作を行いながら予測モデルを作成し、モデルの評価を行い、最終的に最適な説明変数の組み合わせを探索する方法です。そのため、強制投入法と違い**事前に変数候補を絞らなくても最適な組み合わせを求めることができます**。しかし、計算量はその分増えます。

また、あくまで計算した結果で最適と判断された説明変数が選択されるため、専門的な観点から不要と判断するべき変数が取り込まれる、もしくは必要な変数が除外されるといった可能性があります。

　そのため、選択された説明変数が理にかなっているかについて別途判断する必要があります。

　なお回帰分析法は、先に紹介したホルト・ウィンターズ法で考慮可能な季節変動やトレンドといった要素がない状態を想定しているため、季節変動やトレンドを持つ製品に対する予測には十分な効果を発揮できないので注意してください。次ページの図はステップワイズ法を利用した、説明変数の選択の流れになります。具体的には以下の処理を繰り返すことで最適な組み合わせを導き出します。

①ある説明変数が選択された状態の予測モデルがある
　※処理開始時は予測モデルなしの状態
②選択されていない説明変数候補から1つ選び予測モデルに追加する。
　評価指標（予測値とデータの誤差）を計算後、予測モデルへ追加した説明変数を除外し予測モデルを元に戻す
③選択されている説明変数候補から1つ選び予測モデルから除外する。
　評価指標（予測値とデータの誤差）を計算後、予測モデルから除外した説明変数を追加し予測モデルを元に戻す
④全通りの評価指標の計算結果から、最も良い評価指標となった予測モデルと処理1の評価指標を比較し、より良い評価指標の場合は処理1の予測モデルとして採用する。処理1の予測モデルと評価指標を比較し悪くなる場合は、最適な組み合わせが判明したと判断し処理完了となる

　図中の1つ目は処理開始を指しているため、まだ説明変数を選択していない状態です。全通り試した結果、「気象情報」が最も良い評価となり選択されました。次に、既に選択されている「気象情報」に加え、選

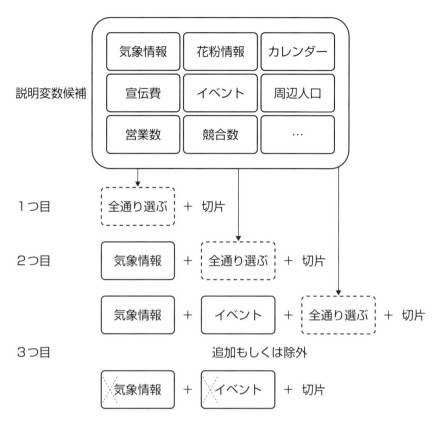

説明変数候補

1つ目

2つ目

3つ目

※図中の取り出された要素は傾きを含む

◆ステップワイズ法による説明変数の選択の流れ

択されていない説明変数を全通り試します（図中2つ目）。結果、「気象情報」「イベント」の組み合わせが最適と判断され選択されたとします（ここで、「気象情報」を除外するのは予測モデルが成り立たないため割愛します）。同じように、「気象情報」「イベント」を選択した予測モデルに選択されていない説明変数を全通り試すのに加え、「気象情報」「イベント」どちらかを除いたパターンも試し（図中3つ目）、より良い予測モデルを探していくのがステップワイズ法になります。

需要予測における AI の活用

　近年AIを活用したデータの解析が利用できるようになってきましたが、需要予測についても同様です。過去の売上データから学習を行い、予測値の計算、前述の気象のデータから直近の予測に補正をかけるなどの機能が提供されています。ただし、当然ですがすべてにおいて完璧というわけではなく、学習データの不足により不安定な予測になる、AIが実際にどのような計算を行っているかわからない（ブラックボックス化）など、問題点も当然あります。あくまでも需要予測の1つの手法として考える必要があります。

どこまで需要予測を行うべきか？

　需要予測には前述の通りさまざまな手法があり、製品ごとに考慮しなくてはならない内容もさまざまです。つまり需要を予測するという行為は、**ある程度コストがかかる**ことになります。すべての製品に対して精緻な需要予測をするのが理想ですが、その結果管理コストが高くなってしまう場合があります。「欠品なしで販売できたし在庫量も十分に抑えることができた」が、「需要予測にコストをかけたため利益が出ていない」では本末転倒です。そのため、「重要な製品」に対してのみ精緻な予測を行い、「その他の製品」に対してはおおよその予測に留めるといった対応も1つの選択肢です。

◆商品別の需要予測手法の選択

商　品	重要度	在庫コスト	欠品の影響	採用予測手法
AAAA	高	高	高	重回帰分析法
BBBB	高	高	高	ホルト・ウィンターズ法
CCCC	低	低	低	算術平均法
DDDD	中	低	中	指数平滑法

※採用予測手法は本書における例

需要予測の考え方

仮にすべての製品や重要な製品に対して、その時点で最良の需要予測ができたとしても誤差は必ず発生します。需要予測において正確な需要を予測することが重要であることはいうまでもありませんが、同様に重要なのは**誤差が発生したときに誤差の要因を分析し、今後の予測に活用することで、より予測の精度を高めること**です。

誤差には大きく、「なくすことが可能な誤差」と「なくすことができない誤差」があります。残念ながら「なくすことができない誤差」は安全在庫の考え方から、その誤差を含めた管理を実施するべきです。一方、「なくすことが可能な誤差」は要因を分析した上で、その後に活用していくことで誤差を最小化していくことができます。ほぼすべての企業が、販売計画の策定、実績との比較、未達時の原因調査および対策といったPDCAサイクルを回しています。販売だけでなく、需要予測においてもPDCAサイクルを回し、予測の改善を図ることが肝要です。

販売管理システムにおける需要予測機能の位置付け

需要予測の機能は本章の主題である販売管理システムの機能の1つである場合、もしくは需要予測システムとして連携している場合など、システムとしていくつか構成が考えられます。既存パッケージを導入するのであれば、そのパッケージの構成に従うことになります。ただ、重要なのは販売に大きく関わり、重要な役割を担う点です（販売管理システムの主要機能は6-4で解説します）。

また、需要を予測するには過去の実績が必要となりますし、需要の精度向上にも実績との比較が必要になります。販売管理システムに蓄積させるデータを必ず活用することになるので、それぞれ独立した状態での導入ではなく、連携できる形での導入が望ましいです。

6-3 販売形態

小売業・卸売業別で商品の販売形態を確認する

販売形態は大きく２つに分けられる

　ここからは具体的に商品を販売するにあたり、まずどのような販売形態があるのかについて確認します。

　まず、販売形態とは大別すると次の２つに分かれます。１つは主に個人または家庭、いわゆる一般消費者に対して商品を販売する小売業です。本書を手に取っている方も、この一般消費者の１人であるため、すぐにイメージできるでしょう。もう１つは一般消費者以外に対して商品を販売する卸売業です。これは製造業や農家などの生産者の販売、その生産者から商品を購入し小売業者に再販売を行う業者、企業に対する大量の業務用商品の販売、官公庁などの公益購買者に対する販売などが該当します。

小売業における販売形態

　小売業の販売形態は大きく２つに分かれます。１つは街中に店舗を構え、そこで商品を販売する店舗販売があります。百貨店やスーパーマーケットなどの実店舗を持つ形態が店舗販売にあたります。もう１つはこの実店舗を持たずに商品を販売する無店舗販売です。訪問販売や通信販売などが無店舗販売に分類されます。

卸売業における販売形態

　卸売業の販売形態ですが、一般消費者に販売する小売業と比べて企業間取引である卸売業は大規模な取引となります。一般的に、営業担当の訪問やカタログの提供などチャネルはさまざまですが、商品を販売する側の営業担当と、商品を購入する側の購買担当のやり取りを通して販売

店舗販売

・百貨店
・スーパーマーケット
・コンビニエンスストア
・ショッピングセンター
・ドラッグストア
・ホームセンター
など

無店舗販売

・訪問販売
・自動販売機
・ECサイト
・テレフォンショッピング
・カタログ販売
など

◆小売業の販売形態別の具体例

が行われます。

　しかし近年は、ECサイトの登場により卸売業でもECサイトの活用が増えてきています。また、製造業を営む企業でも、主要販売先は他企業であるものの、一部は一般消費者に直接販売するといったケースもあります。この場合、一般消費者への直接販売は小売業となります。

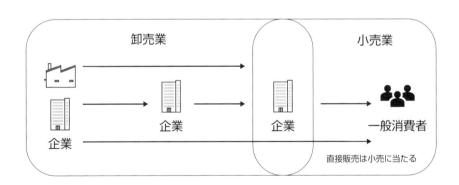

◆販売形態の全体イメージ

具体的な販売形態

　では、商品を販売する上で、具体的にどのように商品を得意先に引き

渡すのかについて見ていきます。まず1つが店舗販売を代表とする、購入者が店頭に足を運び、その場で購入手続き、商品を引き渡すという店頭で販売を行う形態です。一方、カタログやECサイト、見本品の展示は行っているもののその場での商品の引き渡しは行っていないなど、店舗販売を行わない販売形態の場合は、商品の注文があり、後日商品の引き渡しとなります。

　こうした販売形態の違いは、購入者側の観点ではそこまで大きな違いがないと感じる方もいるかもしれませんが、販売管理という観点からは必要となる機能が違います。

販売におけるフロー

　店舗販売を行わない販売形態のフローは主に、「**引合い**」「**見積り**」「**注文**」「**受注**」「**出荷**」「**納品**」「**代金請求**」「**代金回収**」といったフローにより行われています。一方、店舗販売を行う場合はほとんどのフローがスキップされますが、別のフローになるわけではないので、このフローをベースに次節から販売管理システムに求められる主要機能を確認します。

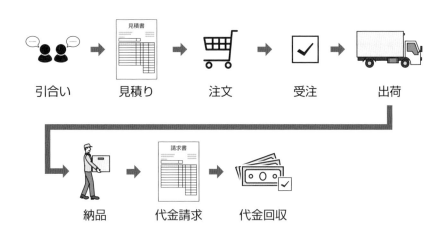

◆店舗販売を行わない販売形態のフロー

6-4 引合いから受注

販売の各フローで販売管理システムに必要な機能

販売にあたって管理する対象となる項目

　改めて、販売とは何を指すのかを確認します。販売とは**「得意先」に対して販売対象である「モノ」を提供し対価を得ること**です。そして、この販売にあたって管理する対象となる項目は、「何」を「いくつ」「誰」に対して「いつまで」に「いくら」で販売するのか、また「代金回収日」はいつであるのか、これらが代表的な情報です。つまり、販売管理システムで管理する対象の情報であるということです。なお、本書は在庫管理に関する書籍なので、第2章で述べた通り「モノ」の販売について記載し、「サービス」については対象外となります。

　それでは前節で述べた販売におけるフローに従い、販売の流れとシステムとしてどうあるべきかを確認します。

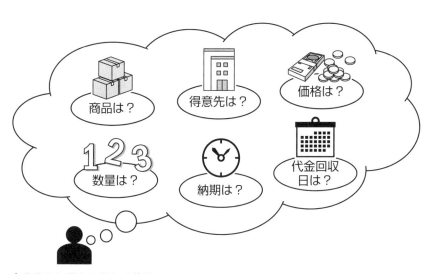

◆代表的な販売に関わる情報

まずは引合い

「商品Aが欲しい」という得意先からの要望を「**引合い**」といい、この引合いがあった時点から販売管理システムでの管理が始まります。得意先からの引合いに対して、商品をどのように販売しているかで対応が変わります。

ケース１：店頭で販売

商品が店舗に陳列されている数のみであれば、一目でわかります。バックヤードなどに保管されていてわからない場合は、その時点での在庫管理システムと連携し、在庫数が確認できる機能が必要です。リアルタイムデータが必要なため、販売管理側から在庫管理側の在庫数を変更できなくてはなりません。

ケース２：店頭以外で販売

引合いがあった時点で現在の**有効在庫数**（販売可能な在庫数）を確認し、現時点で商品の販売が可能かどうかを確認する機能が必要です。有効在庫数が足りない場合は、いつまでに仕入れ・生産が可能か（いつ有効在庫数が充足するか）を確認し、得意先にそれを伝えます。

ケース３：販売ごとに販売価格が変動する

このケースの場合、引合いに対して即座に販売可能かどうかは判断せず、後続の工程にある見積りに移ります。

販売管理から見た在庫の種類

前述のケースに限らず、販売管理システムは在庫管理システムと連携して在庫をコントロールする必要があります。なぜなら在庫には、販売可能な在庫と不可能な在庫があるためです。前者を引当在庫と表現し、既に販売先が決まっている確定在庫、キャンペーンでの使用や先々の生産に必要な計画在庫がこれにあたります。そして、後者を**有効在庫**と表

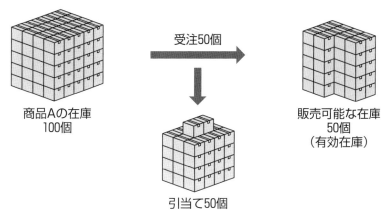

受注50個

商品Aの在庫
100個

引当て50個

販売可能な在庫
50個
（有効在庫）

◆在庫を区別する

現します。

　この区別がないと販売可能な数が判断できず、出荷作業時に実は在庫が足りなかったということになりかねません。

　そこで販売管理システムでは、**在庫の区別のため引合いに対して有効在庫から在庫の引当てを行います**。引き当てられた在庫は仮に倉庫にある在庫であったとしても、有効在庫とはみなしません。この仕組みにより、二重に引き当てられることを防ぎます。

引合い時のまとめ

　引合いではいくつかケースがありました。引合いは、主に在庫の引当てに関わってきます。ケース1の店頭販売においては、概ね引合いと同時に商品の引き渡しまで行われるため、主に引当てではなく在庫数の変更機能が必要であることは前述の通りです（ただし、予約などに対応するため引当てがないわけではありません）。

　一方、ケース2とケース3ではあわせて次ページの図のようなフローとなります。場合によっては、納期の確認／提示後にいったん得意先から「回答を保留させて欲しい」という場合もあるでしょう。その後失注の可能性もありますが、購入の可能性に備えて（仮の）在庫の引当てを行う必要があります。

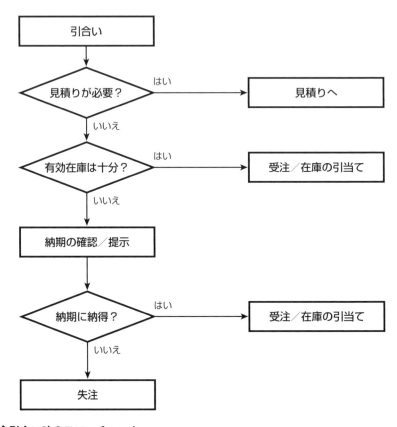

◆引合い時のフローチャート

引合いの次は見積り

　続いての工程は見積りに移ります。前述の通り主に販売価格が変動する商品、もしくははじめての取引相手の場合にこの工程があります。引合いのケース1、ケース2のような場合は、この工程は当然不要なのでスキップし、ケース1であれば代金回収、ケース2であれば受注とそれぞれ次の工程に進みます。

　それでは見積工程で何をするのかですが、ここでは得意先からの引合いに対して**見積書**を作成して送付します。一般的に、「商品」「数量」「金額」「納期」「納入場所」「支払い条件」「見積りの有効期限」といった販

売に関わる内容を決定し、見積書に記載します。つまり、得意先からの引合いに対する回答になります。なお、この見積工程の後は得意先からの注文の工程に進むのですが、その間に得意先と自社の間で見積条件のすり合わせが行われる場合もあります。

見積工程で必要な機能

見積書の作成も、引合い情報を販売管理システムに入力することで自動生成されると、業務効率化につながるため必要な機能です。たとえば、既存の得意先であれば、掛率や納品場所、支払い条件などは得意先管理データから抽出して活用できます。

また、在庫管理システムとの連携という観点では、**納期決定と同時に、在庫管理システムと連携し（仮の）在庫の引当てを行う**必要があります。

注文と受注

得意先へ提示した見積書の内容が得意先で承認されると、得意先から見積書をもとに作成した注文書（発注書）が送付されます。これは、得意先が正式に商品を注文するという意思表示です。注文書を受け取り、内容を確認した上で、注文書を引き受ける意思の表示として**注文請書**を作成し得意先に送付します。

以上の手続きをもって契約締結とし、受注に至ります（なお、売買契約は書面がなくても成立します。そのため注文請書の作成は省略されることが多いです）。

販売管理システム上でのステータス更新

契約が締結されたら**販売管理システム上のステータスも「見積り」から「受注」に切り替えます**。また、この段階で**仮の在庫引当てを正式な在庫引当てに更新します**。

以降は得意先と自社で合意した条件に従い、商品を得意先に引き渡す準備を始めます。当然、販売管理システムは在庫管理システムや生産管理システムなどと連携し、間違いなく得意先に商品を引き渡し、対価の

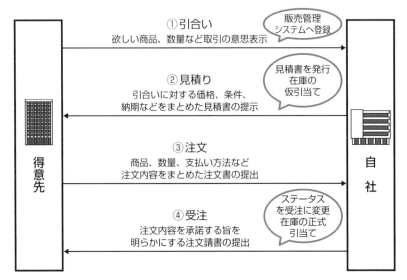

①引合い
欲しい商品、数量など取引の意思表示

販売管理
システムへ登録

②見積り
引合いに対する価格、条件、
納期などをまとめた見積書の提示

見積書を発行
在庫の
仮引当て

③注文
商品、数量、支払い方法など
注文内容をまとめた注文書の提出

④受注
注文内容を承諾する旨を
明らかにする注文請書の提出

ステータス
を受注に変更
在庫の正式
引当て

得意先

自社

◆引合いから受注までの流れ

代金を回収するまで管理を行います。

受注から出荷まで

　受注後は合意した条件に従い、商品を得意先へ引き渡すために出荷作業へと進みます。

　注意点として、受注後に仕入れ・生産に着手する商品や、受注から納品までに間隔がある場合は、受注時の条件から変更が入る可能性があります（得意先と自社で合意の上）。たとえば、得意先の都合で納入場所が得意先の拠点Aから拠点Bへ変更された、一括納入が分割納入に変更されたなどが考えられます。もしくは、機器の故障などで生産が間に合わないなどといった自社の都合によって納期を延長せざるを得ない状況もあるでしょう。いずれの場合においても、**販売管理システムでは受注データを更新できるようにしておく**必要があります。ただし、常にデータを更新できる状態だと誤って更新してしまうことがあるため、**受注後はデータをロックし、必要に応じてロックの解除、登録データの更新、再ロックの手順を踏む必要**があります。

6-5 出荷から代金回収

販売形態による工程の差異を理解し、在庫・会計管理システムと連携して管理を改善する

得意先へ出荷

ここからは商品を出荷する流れを確認します。まず、出荷作業に必要な**出荷指示書**の作成を行います。出荷指示書は受注データと在庫データをもとに作成され、出荷日、納入先、納入商品・数量、在庫保管場所といった情報を記載します。出荷担当者はこの出荷指示書に従い、商品を集める**ピッキング**、出荷指示書の内容と集められた商品・数量をチェックする**検品**、集められた商品の**梱包**と作業を進めていきます。

また、発送後は得意先の納入先に商品を届け引き渡す納品になるので、あわせて納品書・納品書控え、受領書などの納品時に必要な書類を作成します。

システム上では出荷指示を出す段階で「**出荷準備**」へとステータスの更新、また商品が梱包された段階で「**出庫済み**」へと更新することで、

出荷指示書

受注番号 ：XXXX
出荷指示日：XXX/XX/XX
得意先 ：XXXXX
納入先 ：XXXXXXXXXXXX

#	商品ID	商品名	保管場所	数量
1	A-1234	○○○○	01-2F-E	10
2	A-5678	△△△△△	01-3F-D	30

⋮

◆出荷指示書のイメージ

状況が把握できるようにします。また在庫管理システムと連携し、在庫保管場所を**出荷待機場所**に変更します。

すべての準備が完了後、配送車に荷を積み込み発送します。ステータスを「**配送中**」へと変更し、再び在庫管理システムと連携し出荷した商品を在庫データから外します。

得意先へ納品

納入先に商品が到着後、得意先に商品の引き渡しを行います。「納品日」「得意先」「商品」「数量」「単価」「金額」などが記載された納品書を渡し、それらの商品を得意先が受け取ったことを証明する受領証へのサインをもって納品が完了します。

この段階で販売管理システムでのステータスは「**納品完了**」、得意先の検収が完了後に「**検収完了**」となり、次の工程へ進みます。なお、この時点で本受注における在庫管理システムとの連携は終わりです。以降は、会計管理システムと連携することになります。

また、仮に商品の引き渡しと同時に現金で代金を回収する契約の場合は、請求書を渡し代金を回収、代金回収の証明として領収書を得意先に渡します。その場合、販売管理システム上では「**完了**」のステータスとなります。

代金の回収タイミング

ここで一度6-3を振り返ります。多くの店舗販売では、一般消費者が商品の引き渡しを受ける前に代金を支払います。この場合は、その場で代金を請求および回収し、商品の納品となります（そもそも、その販売形態であれば前述の通りここまでのフローをスキップするのでシステムで管理しません）。

一方、多くの企業間取引では、現金を用いたその場での支払いは行わず、一定期間内（概ね1カ月）の取引金額をまとめて支払う**掛け取引**が行われています。そのため、販売元は納品時に代金の回収を行わず、後日回収を行います。

代金の請求

　それでは、販売管理において最後の工程である代金請求および回収を
確認します。繰り返しになりますが、企業間取引の多くで掛け取引が行
われています。これは代金の支払い条件の1つとして受注時（契約時）
に得意先と自社で合意しています。掛け取引における一定期間は、一般
的には1カ月なので以降は1カ月として扱います。

　まずは得意先の請求締め日に従い、得意先に対して締め日までに検収
が完了した取引の請求書を作成し送付します。つまり、回収可能かつそ
の時点で未回収の代金支払いの請求を行います。たとえば、月末が締め
日であれば、1月10日に検収が完了した単価が100円の納品物A×1,000
個があるとすると、1月31日までに10万円の請求を行います。請求書に
は、「得意先」「請求日」「売上金額」「消費税」「請求金額」「取引明細」
「支払い期日」などが記載されます。ここで、代金の請求処理を行った
ので、販売管理システム上のステータスは「**請求済み**」と変更されます。

　なお、この掛け取引において、売上計上されたが未回収の代金を売掛
金と表現します（売上計上については8-2で解説します）。

代金の回収

　得意先は請求書を確認し支払い期日までに代金の入金（一般的には銀
行振込）を行います。自社では支払い期日までに代金が入金されている
こと、請求金額と相違がないことを確認し、問題がなければ販売管理シ
ステム上のステータスを「**完了**」とし、無事1つの受注に対する出荷、
納品、請求、回収とすべての工程が完了します。もちろん、請求内容に
誤りがある場合や、得意先から入金されていない場合などはまだ完了で
はありません。正しく代金の回収が完了するまで管理を行います。

販売形態による工程差異

　前述の通り、多くの店舗販売であれば、ここまで述べてきたほとんど
の工程をスキップしますし、一般消費者をターゲットとしたECサイト

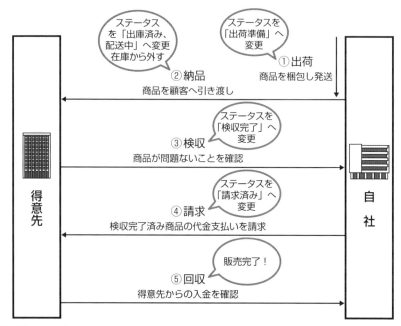

◆出荷から回収までの流れ

であれば代金の請求・回収は注文確定時点で完了していることがほとんどです。また、値段が変動しない商品であれば見積りは不要です。

　このように販売形態によって販売管理システムに求められる機能には差異があります。パッケージを導入するにせよ、自社でシステム開発を行うにせよ、**自社が取る販売形態に合わせて、必要となる機能の見極めが必要**です。

6-6 返品対応

理由によって在庫の扱いを判断し、販売管理システムへ受注データの登録をやり直す仕組み

納品物の返品要求

得意先に納品した商品のうち一部、もしくはすべてを対象に受入不可との判断を下され、返品の受入れの検討をしなくてはならない場合があります。たとえば、注文した商品と納品された商品が違う、注文した数量と違う、得意先の検収工程で不良となったなどが考えられます。結果的に返品要求を受け入れる場合は、**返品**の対応が始まります。

商品の返品

このような場合に備えて、販売管理システムには返品に対応する機能が必要です。

まず、販売管理システムが原因で返品される場合は、商品内容や数量などのデータが誤って登録されています。そのため、返品に対応するには、**誤ったデータを補正するためのデータを別途登録する**必要があります。必要があります（詳細は後述）。実際に品物が得意先から再び倉庫に戻ってくるわけですから、在庫管理システムと連携し在庫数を増加させる必要があります。ただし、単純に在庫数を増やせば良いわけではありません。商品や数量の誤りであれば、自社での検品の後に再度販売可能な在庫として扱える可能性がありますが、不良と判断された商品は修理や破棄といった扱いになるでしょう。そのため返品理由により、**どのような在庫として扱うか**の判断が必要です。

もちろん返品された在庫をどのように扱うかは企業によって違います。それぞれのケースについて在庫をどのように扱うかの洗い出しを行い、販売管理システムから返品理由を在庫管理システムへ連携して、在庫の扱いをコントロールします。

155

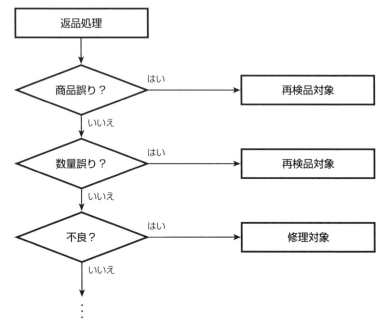

◆返品理由による在庫の扱い

販売管理システムでの返品対応

　返品の原因によって販売管理システムでの対応が異なります。もし納品した商品の数量が注文より多いことが原因で返品となった場合は、納品数量を誤った原因として、受注データに誤りがあった、検品作業でミスが発生したなどが考えられます。

　販売管理システムが原因である前者のような場合は、**マイナスの受注として理由とともに販売管理システムに登録します**。販売管理システム内のデータとしては通常の受注データと、マイナスの受注データを合算することで正常な値として扱うことができます。受注データの誤りによる数量不足や商品誤りの場合も同様です。また、**原因分析のために、一連の受注データは紐付けて管理されるべき**です。なお、この機能は得意先が企業か一般消費者かどうかは関係ありません。

#	日付	得意先	商品	数量	単価	区分	関連	備考
1	XXXX/XX/01	○(株)	△△	1,000	¥100	受注		
2	XXXX/XX/02	☆(株)	△△	1,000	¥100	受注		
3	XXXX/XX/03	○(株)	△△	−1,000	¥100	返品	#1	受注データ誤り

◆受注データの修正

非推奨な対応

　前述の通り返品が発生した際は、販売管理システムに新たな受注データを登録して誤りを正すのがあるべき姿です。一方で、仮に社内規定で締め処理前のデータであれば直接更新可能としている場合、誤りのあった受注データを直接補正できてしまうタイミングがあります。直接のデータ補正は業務効率としては良いかもしれませんが、修正履歴が追いづらくなるため推奨しません。

あるべき姿で運用する

　本節は返品対応を例として、販売管理システムとしてのあるべき姿、非推奨な形を紹介しました。業務効率の向上は重要な点ではあります。しかし、前述の通り販売計画と販売実績の差異を分析し改善を図ることや、需要予測と実績の差異を分析し予測精度の改善を図るのと同様に、**販売工程におけるエラーを正しく蓄積し、改善に活用していくこと**が肝要です。

販売管理システムの役割

今まで手で処理していた事務処理を効率化する

販売管理システムが持つべき機能

　本章では在庫管理システムに付随するシステムとして、販売管理システムを紹介しました。本章の最後に販売管理システムの役割についてまとめます。まずは、持つべき機能として以下のようなものがあります。

◆販売管理システムの機能一覧

機　能	概　要
販売計画の登録	・実績と比較するために必要 ・別システムやデータから取り込む形でも問題なし
需要予測	販売計画の策定をサポートするために必要
販売工程の管理 (在庫管理と連携)	・販売における各工程を管理するために必要 ・販売形態により必要な機能が違う
販売実績の蓄積	・計画と比較するために必要 ・販売工程の管理を通して実績を蓄積する
計画と実績の集計	・計画および実績を参照したい形で集計できる機能が必要 ・企業によって集計の仕方が違う

　こうして見るとわかる通り、販売管理システムの役割は主に事務作業の効率化になります（需要予測は除きます）。企業の根幹をなす販売に関わる部分ではあるものの、社内業務を抜本的に見直し業績を大幅に向上させるわけではありません。そのため、地味なイメージを持たれるかもしれません。また、販売管理は現状うまくいっているからシステム化しなくても良いと考える方もいるかもしれません。

販売管理のシステム化が可能ならシステム化すべき

　システムを利用せず販売管理を行っている場合は、主に紙や表計算ソフトを利用していると予想されます。その場合、データの蓄積は可能で

も参照が容易ではありません。また、販売工程の管理を例に挙げると、各工程で担当者が各種書類を手で作成するので、情報を誤らないように毎回注意深く作成する必要があり、それなりの時間がかかってしまうことが予想されます。

　一方システム化されている場合、データの参照はシステム経由で可能なため、非常に容易になり、参照したい人は適切なタイミングで待つことなくデータの参照ができます。また、各種書類の発行はシステム操作を行うことで、入力されたデータをもとに自動的に作成されます。

　そして情報の誤りですが、注意すべきは入力時（登録／更新時）であって、各書類発行時に注意すべき点はありません（もちろん正しい情報か確認は必要です）。**販売管理システムを開発導入し利用していくことは、業務の効率化、そしてミスの防止に貢献します。**

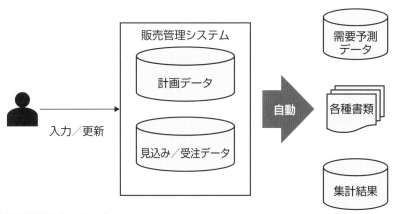

◆**販売管理のシステム化**

　このような事務作業の効率化は、前述の通り業務がうまく回っているときには、販売管理システムを開発・導入することで業務の大幅な効率化が期待できたとしても、検討すらされない可能性があります。実際に導入しても、あまり業務効率を改善できない可能性ももちろんあります。しかし、導入することで業務効率の改善につながるのであれば、もったいない話です。そして改善できるのかできないのか、その判断を下すの

は、システムを理解しているエンジニアに他なりません。

　自社の状況を確認し、販売工程に時間がかかっている傾向がある、販売工程でのミスが多いなどの状況があれば、販売管理システムの導入を検討してみてください。

第 **7** 章

在庫管理に付随する
関連システム⑶
購買管理

購買管理体制

購買管理システムを導入する前に体制を整備してさまざまなメリットを享受する

購買管理システムとは？

在庫管理システムに付随するシステムとして**購買管理システム**があります。購買管理システムも企業が事業活動を継続していく上でなくてはならない基幹システムの1つといえます。特に製造業においては、原材料の種類や数量が増えれば増えるほど購買管理システムのメリットを享受できます。

購買管理システムの役割は、主には原材料の**購買調達**を行うために用いられます。企業の部署でたとえると、購買部や仕入調達部が購買管理システムをメインで使用しています。第4章の中で、在庫管理システムの中核機能として発注管理機能を説明しましたが、本章で触れる購買管理システムでは、仕入先に対する購買調達という意味合いで使用しているので、発注と混同しないように注意してください。

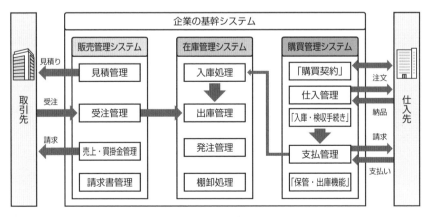

◆購買管理システムと在庫管理システムおよび販売管理システムの関係性

購買管理システムの役割

　購買管理システムを導入する最大の目的は、**適切なタイミングで適切な数量の原材料を購買調達すること**です。企業内に購買管理システムが存在しない場合、購買時の判断とその作業は手作業で行うことになりますが、システム導入によって、それら大半の作業を自動的かつ機械的に行うことができ、従業員によるミスオペレーションの削減や業務効率化、ひいては人員削減といったコストカットのメリットを享受できます。

購買管理システムの主な機能

　購買管理システムの主な機能ですが、先ほどお伝えした「購買調達機能」に加えて、購入を行うための購買調達先の選定やその契約などの手続きを実施する「**購買契約**」、請求書や発注書の突合や支払処理を含めた「**入庫・検収手続き**」、どのタイミングでどの程度の原材料を注文するのかを決める「**購買調達計画**」、発注した原材料の保管や入出庫を管理する「**保管・出庫機能**」などがあります。

| 購買調達 | 購買契約 | 入庫・検収
手続き | 購買調達
計画 | 保管・出庫
機能 |

◆**購買管理システムの主な機能**

購買管理システムにおける体制とその重要性

　購買管理はその業務自体に目がいきやすいですが、その前段階として**購買体制**を整備することが重要になります。購買体制は、ただ従業員のことだけを指すのではなく、その従業員を管理するための制度やルール、モノを保管する場所を適切な状態に維持するために必要な業務オペレー

ションやそれに付随する業務マニュアルなども含みます。

　購買体制についてですが、他の役割との兼務は好ましくありません。他の部分でも同様のことがいえますが、複数の役割を兼任することで、不正ができる環境になってしまいます。一例を挙げると、購買部に属する従業員が在庫管理に関する業務も兼任する場合、何かミスオペレーションで在庫を消失、破損、摩耗させたとき、購買管理システム上と在庫管理システム上で不正な操作を行い、あたかもミスをしていない状態に修正をかける可能性があります。大企業ではSOX法監査対応として内部統制が働き、そのような不正な操作を行える従業員はほとんどいないと思いますが、零細企業や中小企業では一部署当たりの業務量がそこまで多くはないため、そのような事態に陥るケースもまだまだ存在します。

　このような不正やミスを抑止するためにも、**定期的な点検や管理を実施するルールを作成すること**が重要になります。不正を防ぐための明確な基準や仕組みが存在しないと、仮に完成度の高い購買管理システムを導入したとしても、悪用される危険があります。下記はシステム導入の前段階として行うべき整備事項をまとめたものになります。

◆**購買管理システム導入前の整備事項**

整備すべき事項	説　明
人員 （兼務、長期担当の排除）	・購買管理担当は他の業務との兼務をしない ・長期的な腐敗不正を招くため、定期的に人員を変更する
購買基準の明確化	個人での比較／判断ではなく、購買商品の選定基準を設け、明確化することで、安定した利益獲得や個人による不正を防ぐ
ルールの策定	・購買業務のフローをルール化し、無駄な作業を失くすことで、効率アップや作業煩雑によるミスの可能性を防ぐ ・電子化することで、ルール外の動作を禁止する
チェック体制	購買などの申請において承認者の他にチェック者を設け、知識のある専任者によるチェックを行う

7-2 購買計画

各業務管理システムのデータを活用してコード設計・紐付け、原材料の購買管理をする

購買管理を行う上で必要なこと

購買管理を行う上で、**購買計画**は最初に必要な要素です。購買計画とは、生産計画や在庫計画に基づき、必要な原材料、購入時期、購入タイミング、購入する契機／トリガー、購入数、購入金額など、**商品を製造・生産する上で必要となる原材料の購買調達に関する計画を立てること**を意味します。

原材料のコード設計

購買計画を立てる上で、まず原材料を管理するための**コード設計**が必要になります。企業の事業活動によって異なりますが、製造業を営む企業の大半が数十〜数千の原材料を取り扱い、グローバルな企業においては数万を超える原材料を扱うこともめずらしくはありません（部品も含みます）。それらを購買管理システム上で適切に取り扱うためには、個々に一意となるユニークなコードを割り当てる必要があります。

原材料のコード設計・管理が徹底されていない場合、適切な購買管理が行えず、過剰な在庫を抱えてしまう可能性や、欠品や品切れといったリスクを招くことになります。理想としては、在庫管理システム、購買管理システムともに双方で使用されるコードを適切に連携させ、必要な箇所に制御の仕組みを取り入れることです（原材料や部品の購買調達先がコロコロ変わるような特性がある企業では導入が難しい場合もあります）。たとえば、在庫管理システム上、A商品という在庫が品薄となり、A商品を生産するために必要なA原材料、B原材料、C原材料を調達するとします。在庫管理システムと購買管理システム上、双方で適切にコードが紐付いている場合、次ページのような状態になります。

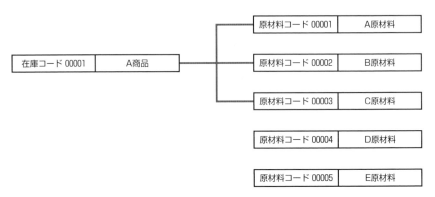

◆コードの紐付けイメージ

　A商品の品薄時、購買管理システム上では発注できるものは在庫コード00001に紐付く原材料コード00001、00002、00003のみとなります。仮に購買管理システム上で、原材料コード00004や00005を入力した場合、「在庫コードに紐付く原材料コードではありません。発注内容が適切か確認してください」のようなエラー文を出力し、購買調達を制御するのです。

　上図では5つの原材料しかないので単純そうに見えますが、購買管理における実務上では、類似する名前の原材料や部品が膨大に存在しており、購買調達を誤るケースも多々起き得ます。誤発注は原材料の過剰在庫を招くほか、品薄となった商品の生産活動を遅らせることにもつながります。このようなトラブルを防止するためにも、**事前に在庫管理システムと購買管理システム上のコードの紐付けを徹底して行う**のです。

┃原材料の使用見込数

　続いて、購入する原材料がどの程度必要になるか計画を立てる必要があります。計画を立てる上で、商品をどれだけ製造・生産するのかがわかる生産計画（5-2参照）が必要になります。生産計画は販売計画の影響を受けるので、商品に対する需要の調査および在庫状況（ここでは完成品、仕掛品、原材料のすべてを指します）がわかるデータも必要になります。既にお気づきの方もいるかと思いますが、**生産管理と販売管理、**

そして購買管理と在庫管理はすべて密に連携し合っており、それぞれの業務管理システムから出力される数値やデータはまた別の業務管理システムの入力値となっているのです。

　原材料の必要数量ですが、比較的長い期間、たとえば1年といった期間を前提に必要数量を算出する場合、その商品の年間生産予定数量の情報が必要になります。業界・業種によって多少の違いはありますが、部品などを取り扱う製造業では直近3カ年の年間販売実績や今期の市場予測データをもとに、想定値を算出します。企業によっては、直近3カ年の原材料の購買実績も考慮して想定値を求めるケースもあります。取り入れる変数が増えれば増えるほど計算のロジックは複雑になりますが、想定値の精度は向上します。人的資源を含め、リソースが豊富にある大企業ほどより複雑な計算ロジックで想定値を算出している傾向にあります。なお、1カ月といった短期間の中で必要となる原材料の想定値は手元在庫量の状況を考慮して判断するケースが多いです。

システム上の数値の持たせ方

　前項で触れたように、生産管理システムと購買管理システムは特に密に連携し合っています。システムの設計の仕方によっては、データベース上のどちらにその数値やデータを持たせるか、システムの設計会議の中で議論になることもあります。お客様の中には、万が一に備えてどちらのデータベース上にもすべての数値、データを持たせたいといった考えを持つ人もいますが、それはあまりお勧めできません。データベースの数やテーブルの数、データや数値の総量が増えれば増えるほどシステムへの負荷が増大し、SQLと呼ばれるデータベース言語を通じて指示命令を出した際の応答速度や処理速度の低下を招く可能性があるからです。

　もし仮に原材料の情報が生産管理システム側で既に登録済であるなら、購買管理システム側では重複するデータや数値を持たせず、生産管理システム上のデータを購買管理システムからインプットできるような仕組みにしたほうがデータや数値が一元管理されるので望ましいシステム構

成といえるでしょう（実務では複雑なシステムの組み方をする場合もあるので、ここでは一般論としての説明となります）。

　生産計画を立てる際、大半の企業が生産対象の商品を個別管理するはずです。ただ小規模事業者の中には、管理やチェック業務を行う担当者が十分に配置されていないなどの理由から、重要性の低い商品に関しては「その他商品」というくくりで管理しているパターンがあります。その場合、その商品は個別生産計画上に含まれていない設計になってしまい、生産管理システムだけでなく、購買管理システムにも影響を及ぼす可能性があります。たとえば、その他商品の生産に必要な原材料の注文が抜け漏れるといったリスクが潜んでいるのです。このようなリスクを未然に防止するため、**重要性の低い商品であってもしっかりと個別管理対象としてみなし、システム仕様要件の中にも組み込むこと**が重要です。

　開発実務では、お客様側から「現在の生産管理オペレーションを変更したくないから重要性の低いその他商品は個別管理対象外として扱ってほしい」というような依頼があるかもしれませんが、二つ返事で承諾するのではなく、他システムへの影響、ひいては購買管理を行う他部署への影響をしっかりと説明し、お客様の理解を得ることもシステムエンジニアの役割といえるでしょう。

┃原材料の購買管理

　当たり前ですが、原材料はモノによって購入単価が異なります。希少性のある原材料や仕入れの絶対数が限られている原材料は需給均衡が崩れ、単価が高騰しやすい傾向にあります。そのような原材料を使用した商品は製造原価も膨らむので販売価格も高くなります。また商品価値が高く、得意先や消費者からの需要が多大にあるのなら粗利もそれ相応に大きくなるはずです（ここで断定しないのは、企業の意思決定によって粗利や粗利率を一定に保つ企業が存在するからです）。

　企業の粗利が大きい商品については、商品の在庫管理はもちろん、**原材料に対しても厳密な管理が必要になります**。たとえば、定期的な原材料発注先の確認や交渉、価格変動による粗利への影響確認などです。反

対に、粗利の小さい商品については簡易な管理で済ませることが多々あります。企業の購買部や調達部においては、商品を構成する原材料の価値を適切に見極め、社内の購買・調達規程に従った管理がなされているのです。

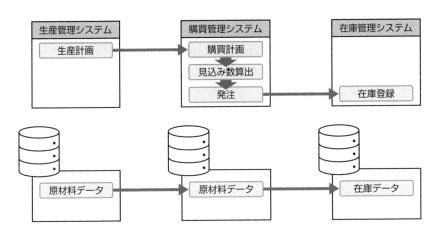

◆生産管理から購買管理、在庫管理のデータの流れ

7-3 仕入れと検品手続き

**仕入れと検品はワンオペレーションを避け
トラブル防止につなげる**

原材料などの発注から検収までの一連の業務フロー

　前節までは購買管理体制や計画、購買管理システムと連携し合う生産管理システムについて触れてきましたが、本節では原材料を取り扱う具体的な業務について説明します。その前段階として、原材料の仕入れから検品手続きがどのように流れていくのか、簡単に触れておきます。

　原材料と商品の違いは、**完成したか否か**です。購買管理担当では、商品ではなく、主に原材料を取り扱うので、本章では商品と原材料を混同しないように、「原材料等」という言葉に統一して説明を進めたいと思います（企業によっては商品そのものを調達し、販売するケースもあるので、あえて末尾に「等」を付けています）。

　まず、購買計画立案時に決定した仕入先から注文した原材料等が**入庫**します。仕入れはその原材料等を受け取ることになりますが、その際、受け渡しの事実を示す証跡として、「納品書」「納品書控え」「受領書」などを受け取ります。これらの証跡類を使用して入庫した原材料等に誤りがないか、確認を行います。確認が終わった後、仕入先から発行される受領書などに署名もしくは確認印を押印します。そして、その押印済の受領書を仕入先に渡し、入庫した原材料等を受け取る流れになります。

◆原材料等の発注から受け取りまでに行う作業内容

作　業	詳　細
入庫処理開始	発注した原材料等が仕入先から届き、入庫処理を行う
各種書類の受け渡し	納品書、控え、受領書など必要な書類を受け渡す
内容の確認	書類の内容に問題がないか確認する
各種書類の受け渡し	問題がなければ、納品書控えと受領書を仕入れ先に返す
原材料等の受け渡し	原材料等を受け取り、納品書も同時に受け取る

　入庫の手続きが完了した後、次にすることは**検品作業**です。これは入庫後すぐに実施する必要があります。受け取った原材料等に何か不具合があった際、仕入先への連絡が遅延してしまうと、状況によっては返品などを受け付けてもらえません。そのため、原材料等が届いた後はなるべく早く検品作業を行ってください。検品作業の内容としては、入庫した原材料等と発注した原材料等に相違がないか、実物や取扱説明書などを見て品番や数量などが正しいかを確認します。

　前述の仕入段階でも納品書と手元に届いた原材料等を照合し、差異がないかを確認していますが、仕入段階では、配達業者と発注者同士の確認であり、検品作業段階では、仕入先と発注者同士の確認になるので、少し意味合いが異なります。発注者が注文した原材料等と実際に納品された原材料等に差異がある場合や、発注した原材料等とまったく異なる原材料等が届いた場合には、仕入先の営業担当もしくはサポート窓口に問い合わせます。

　補足ですが、仕入時に検品作業を行う会社も存在します。ただ、そのような運用オペレーションはあまりお勧めできません。そのようなケースでは、**受取確認担当と検品担当が兼任されている可能性があり、検品作業の品質を低下させる可能性が高いから**です。作業をまとめることで効率化が進むと思うかもしれませんが、1人の従業員がワンオペレーションですべてをこなすようになると、不正も起きやすくなります。水増し発注という言葉をニュースなどで一度は聞いたことがあるかと思います。また受け取った原材料等の一部を盗み、インターネット・オークションなどで転売するといった事件も過去に何度も起きています。購買や検品に関する制度設計・ルール整備を行い、未然にそのようなトラブルを防止できるような体制構築をするようにしましょう。

◆具体的な検品作業内容

検品時の確認観点	内　容	システム面
検品の概要	入庫した原材料等が発注した原材料等であることを確認	発注データを抽出
原材料等の確認観点	品目名、数量、品質、納期、外見	品質管理機能による仕入先別の品質管理
納期の確認	書類の内容に問題がないか確認	納期通りに納品されたのか、各原材料等の納期と現状の一覧化など
検品後の支払い	問題がなければ、仕入先企業に支払いを行う	検収支払い機能に検品済であることを登録する

入庫品の移送

　倉庫や管理センター内で仕入れと検品作業をまとめて行えれば良いのですが、企業によっては原材料等の受取場所と倉庫や管理センターの場所が異なることも考えられます。その場合、受け取った原材料等を倉庫や管理センターに**運搬・保管**する作業が必要になります。

◆商品の運搬が必要なケース

入庫品を別の場所に移すパターン	詳　細
生産拠点が入庫場所と異なる	・入庫・検収した場所と異なる場所に生産拠点が存在する場合 ・生産拠点まで移送した上で、在庫管理側で保管し、必要に応じて取り出す
生産拠点が複数存在する	生産拠点が複数存在する場合には、各拠点に移送する
生産拠点が社外に存在する	生産拠点が会社外の場合、検収までをこちらで実施し、完了後に必要な数量を社外の生産拠点へ移送する

　大きい会社になればなるほど、取り扱う品数も増え、それに比例して生産拠点、倉庫の拠点数も増えていきます。また入庫する品数が増えると、入庫時に行う受入作業もどうしても増えてしまいます。複数拠点間の輸送を伴うもので、かつその拠点が自社の管轄にある場合、出荷処理時に入庫処理を自動連携させる処理を行う企業も増えてきています。

出荷　自動登録　入庫

拠点A　拠点B

◆入庫品の自動処理

複数拠点間の入出荷処理を自動連携させることで、効率的かつ簡易的に在庫を把握できるようになりますが、自動連携は便利な反面、注意すべき点もあります。

拠点Aから出荷処理を行った後、トラックによる拠点間輸送が行われます。その輸送中、交通事故などのトラブルにより、在庫が破損することも考えられます。予定していた出荷量が届かない場合、拠点B側で実入庫量の補正を行う必要があります。この補正処理を失念してしまうと、実在庫量とシステム上の在庫量は不一致を起こすことになります。複数拠点間の入出荷処理を自動連携させる場合、**両拠点が移送中の在庫の扱いにも目を配る**必要があるのです。

原材料等の保管と出庫

各原材料等の保管場所や出庫時のイレギュラー対応など
事前の準備が必須

原材料等を扱う場合、保管・出庫業務を意識する

　前節の検品後の原材料等は、基本的には倉庫に運搬・保管されます。ただ、すぐに生産に使用される原材料等の場合、生産拠点に直接運搬されるか、生産拠点近くの倉庫もしくは管理センターで保管されるケースが多いです。

　原材料等の保管に関する作業は原材料等保管担当が、原材料等の入出庫に関する作業は生産管理担当が行うことが多いですが、実際のところ、役割分担や責任の所在が不明確な会社も数多く存在します。ただ権限委任に関する内規や分担表などといった制度設計・ルール制定を通じ、責任の所在が明らかな場合、何かトラブルが発生した際、即座に再発防止策の検討や施行に向けた段取りが取れます。「備えあれば患いなし」ということわざがあるように、あらかじめできることは準備しておいて損はないでしょう。

保管場所の決定

　生産開始まで時間のある原材料等は、在庫として倉庫や管理センター内で保管されることになります。保管にあたっては、原材料等の品質を適切な状態で維持することが大切になります。倉庫や管理センター内では、原材料等の性質や特性に合わせて適切な収納設備を設置する必要があり、その用意した収納設備の中から適切な場所に運搬します。

　倉庫や管理センターが狭域エリアに複数存在する場合、どの原材料等をどのエリアで保管するかはあらかじめ決めておきます。基本的に原材料等を使用する生産拠点近くの倉庫や管理センターから埋めていくべきですが、商品の性質や特性によっては設備の関係上、保管場所が分散す

ることもあり、そのような場合に運搬・保管作業が滞らないよう、事前にルールを決めておくのです。

収納する数量と収納作業

受取場所から倉庫や管理センターといった保管場所に原材料等を運搬した後も数量確認や重量確認を行います。特に、原材料等の数が大量にある場合、運搬中に消失・破損する可能性があります。確認作業を怠ると、どの工程で原材料等の消失・破損が起きたかがわからなくなるので、そのような事態を未然に防止するために**各所で確認作業を行う**のです。

確認作業が終わった後、入庫の手続きを取り、在庫管理システム上に登録し、それらの原材料等は在庫として保管されます。

◆検品後に必要な作業内容

作　業	詳　細	システム面
検収後の原材料等の取り扱い	・すぐに生産ラインに出庫される場合は生産拠点へ ・使用しない場合は在庫管理へ	生産管理への情報登録
収納場所の決定	在庫として保管する場合は、収納場所の確認を行う	在庫管理システムへの管理場所登録、移送方法の管理など
収納数の確定	・倉庫に収納する際にも数を確認する ・移送中などに原材料等の状態が変化するため、再度状態を確認する	在庫管理システムへの在庫登録、状態登録など

出庫対応

倉庫や管理センター内に収納した原材料等は、生産管理担当からの指示を受け、**出庫**されます。生産管理担当は直近の生産に必要な数量を記載した指示書を原材料等保管担当に送付します。指示書には、基本的には生産計画に従った数量が記載されています。

ただ得意先からの大口注文や消費者の需要動向によっては、突然生産計画を超えた指示が飛び交う場合があります。企業によっては、そのような事態に備えて多少の**バッファ**（余剰在庫）を持つところもあり、バッファがある場合にはそれらを出庫することになります。バッファがな

い場合には購買管理担当に状況を伝達し、仕入先との交渉が行われます。これらの一連の流れが遅れると、企業は機会損失を生むことになります。それらを回避するためにも生産管理、購買管理、在庫管理のシステムが適時適切に連携し合う必要があるのです。

　生産管理担当から指示書を受け取った原材料等保管担当は、指示書に記載されている原材料等を探し、**出庫準備**に入ります。出庫準備とは、探し出した原材料等を依頼のあった生産管理担当への送付用に梱包し、在庫管理システム上に出庫日付、出庫量、品目、出庫先といった情報を入力する作業を指します。

　梱包された原材料等は大型トラックなどに積まれ、生産拠点に運搬されます。仮に製造・生産機能を外注している場合には、原材料等を取引先（生産委託先）に引き渡すのみになります。その場合、発注書を作成し、取引先に送付します。取引先はその発注書に従って生産作業に入ります。当然ですが、取引先は社外なので、生産関連のシステム連携はできません。そのため、生産管理に付随する作業は自社では行わず、生産データをCSV形式などで取引先から受領し、在庫管理システム上にインポートするような形式になるでしょう（下請けや系列などでシステム連携が可能な場合は、この限りではありません）。

◆出庫対応業務の具体的な内容

作　業	詳　細	システム面
生産管理担当から出庫依頼	必要な原材料等の品目、数量等が記載された指示書で依頼	生産管理システムから購買管理システムへの情報連携（依頼）
原材料等を取り出して梱包作業	指示書に従い、原材料等を探し、取り出す	――
[生産場所：自社]原材料等の運搬	自社の運搬方法で生産拠点ないしはその近隣の倉庫、管理センターまで運搬	在庫管理システムへの在庫登録情報の更新
[生産場所：他社]発注書の用意	生産依頼情報（使用する原材料等、数量、納期など）をまとめ、発注書を送付	生産管理システム、在庫管理システムのデータ参照
[生産場所：他社]原材料等の運搬	運搬業者に依頼書を出し、取引先の生産拠点もしくは倉庫、管理センターまで運搬	• 在庫管理システムのデータ更新 • 生産管理システムのデータ更新 • 他社へのデータ連携（ない場合は物理的なデータ連携）

7-5 購買管理と在庫管理のつながり

2つのシステムの連携で在庫データを正確に管理する

在庫管理システムとの連携

　本章を通して購買活動について説明してきましたが、本節では購買管理システムと在庫管理システムとのつながりについてもう少し説明しておきます。

　2つのシステムのつながりは大きく2点あります。

　1つ目は、**在庫照会のタイミング**です。購買管理システム上で発注処理をかける際、手元在庫量がどの程度あるのかを把握する必要があります。在庫照会をかけた結果として、一定期間原材料等の在庫保持が不要であれば新たな購買を行う必要はありませんし、手元在庫がほぼ存在しない状況なら即日にでも購買処理をかける必要があるでしょう（業界・業種、企業の事業方針などによって、この在庫照会は需要予測システムもしくは生産管理システムから指示されることもあります）。

　2つ目の接点は、**検品処理後、すぐに使用しない在庫を倉庫や管理センターに運搬し、入庫するタイミング**で発生します。入庫手続きが完了すると、原材料等は決められた場所に保管され、在庫として取り扱われます。そのタイミングで購買管理システムと在庫管理システムの中で連携処理が走り、在庫としてのフラグが立つのです。次ページの図はこれら2つのシステムのつながりを表したものです。

棚卸業務

　棚卸業務も重要な作業の1つです。棚卸とは、月末や年末などに在庫の数量を確認する作業を意味します。会計帳簿や購買管理システムおよび在庫管理システム上の理論値と実在庫数を比較し、差異が発生していないかを確認します。

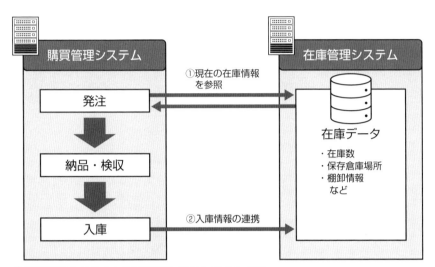

◆購買管理システムと在庫管理システムのつながり

　理論値と実際の数値に差異がある場合、原材料等保管担当はその原因を追究する必要があります。発生した差異の重要度によっては倉庫や管理センター内の全在庫の数量把握が必要になるケースもあり、定型業務が停止するといったリスクもあります。棚卸業務内で大きなトラブルが発生した場合、大半の企業が膨大な時間と労力をかけてその原因究明にあたるのです。

第 8 章

在庫管理に付随する
関連システム(4)
会計管理

貸借対照表と損益計算書上の在庫の位置付け

　企業が販売や加工をするために保有している原材料や仕掛品、製品、商品などを総称して在庫と呼びます。会計管理上では、呼び方が少し変わり、**棚卸資産**という勘定科目で扱われます。本章では、会計管理に関連した話が何度も登場するので、在庫という表現ではなく、棚卸資産という言葉に統一して使っていきます。

　企業の決算日時点の財政状態を表す決算書類の1つ、貸借対照表においては、この棚卸資産は**資産**に分類されます。資産である棚卸資産は将来的には得意先や消費者に販売されることになり、企業の手元から離れます。通常の企業の損益計算では、製品や商品が販売・出荷されたタイミングで売上計上がなされ、それと同時に製品や商品の製造加工にかか

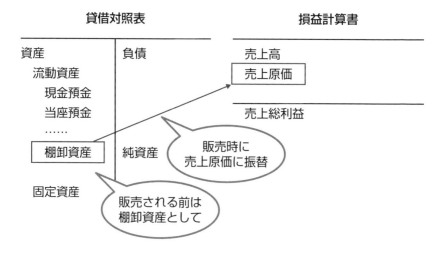

◆貸借対照表と損益計算書上の棚卸資産の存在

った原価をすべて売上原価の勘定科目に振替します。こちらの一連の関係を図示化すると前ページのようになります。

　会計管理上、棚卸資産は生産活動の進捗度に応じて、さらに細かく分類されることになります。生産活動の進捗度が100%の場合、既に生産を終えて商品が完成しているので、商品および製品という勘定科目が使われます。生産活動の進捗度が50%の場合、現在加工中のステータスになるので、こちらは仕掛品という勘定科目に分類されます。生産活動に入る前の段階、つまりは進捗度0%の場合、生産・加工に使用する原材料はまったく手を付けられていない状態になるので、原材料と呼ばれる勘定科目に分類されます。

　このように、会計管理上は**進捗度を加味した上で使用する勘定科目を決定しなければなりません**。そのため、在庫管理業務と会計管理業務のシステム化に携わるエンジニアは**各勘定科目の位置付けやその設定、在庫の分類方法を正しく理解する必要**があり、それらの素養がないと、お客様の求める機能要件の定義や設計・実装を行うことができないのです。

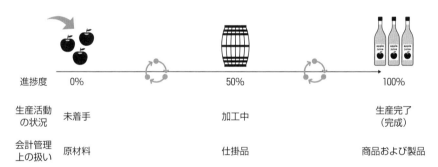

進捗度	0%	50%	100%
生産活動の状況	未着手	加工中	生産完了（完成）
会計管理上の扱い	原材料	仕掛品	商品および製品

◆生産活動の進捗度見合いで見た棚卸資産の考え方

会計ルールに遵守した在庫の評価方法

　会計管理上、棚卸資産は**会計基準**に基づく評価方法によってその金額が決定されます。具体的な評価方法は次ページの通りです。

　まず大分類である**原価法**、**低価法**の違いについて説明します。原価法

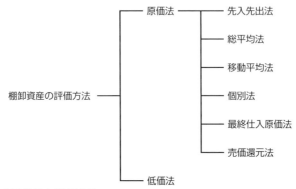

◆棚卸資産の具体的な評価方法

は、**残った棚卸資産を、購入した際の「原価」をもとにして計算する方法**です。一方、低価法は、**棚卸資産を購入した際の原価とその時点での原価を比較して、いずれか安いほう（低価）を用いる方法**です。原価法と低価法では算出される棚卸資産の金額が変わります。原価法と低価法のどちらを採用しているかは企業の会計方針によって異なるので、開発着手前に確認する必要があります。原価法の中の6つの評価方法について、それぞれの特徴は次の通りです。このルールに従った上で、棚卸資産はシステム上で評価・処理されていきます。

◆原価法による6つの評価方法

先入先出法	先に受け入れたものから順に売れていくとみなす考え方。実取引に近い考え方のため、採用する企業は多い
総平均法	前期繰り越された棚卸資産総額と当期中の棚卸資産総額を合算し、総数量で除算して価格を算出する考え方。他の方法と比べてシンプルな計算方法のため、経理や会計の機能が発展途中の企業が取り入れているケースが多い
移動平均法	仕入れの都度、その時点の棚卸資産と仕入額を合算し、平均単価を計算する考え方。期中においても棚卸資産の原価算出が可能になるため、棚卸資産関連の経営分析や経営管理に注力している企業が取り入れている
個別法	各仕入れ時の価格で個別に評価する考え方。貴金属や宝石業、不動産販売業などで採用されるケースが多い
最終仕入原価法	期末に最も近い日に取得した仕入単価を基準に価格を計算する考え方。価格変動の少ない棚卸資産を取り扱う企業に適している
売価還元法	棚卸資産の販売価格に原価率を乗じて算出した金額により評価する考え方。取扱品数が多く、商品単位での原価把握が難しい場合に採用される。スーパーや百貨店などの小売業などで採用されている

売上計上処理

棚卸資産に関わる会計基準などの会計管理の理解も在庫管理につながる

棚卸資産を売上計上するタイミング

　会計管理上、棚卸資産を売上計上するタイミングは厳格に規定されていますが、企業が採用する会計基準によって多少違いがあります。基準は次のように大きく3つに分かれます。

◆棚卸資産の売上に関する会計基準

出荷基準	・商品や製品を倉庫や店舗から取引相手に出荷したタイミングで売上計上するもの ・主に通販事業者が採用している会計基準
納品基準	・出荷したタイミングではなく、出荷先の取引相手に商品や製品が届いた日（納品日）に売上を計上するもの ・納品日を示す証跡として、納品書上に取引相手のタイムスタンプ（受領印）をもらうことが慣習的
検収基準	・取引相手の検収完了のタイミングをもって売上計上する ・一般的には、検収書・検収完了書を取り交わす

　在庫管理と会計管理はそれほど関連していないように見えますが、実際は密接に絡んでいます。在庫管理システムの開発を手掛けるエンジニアとしては、棚卸資産に関わる会計基準の理解は必須の知識になります。また、必要に応じて棚卸資産に関するその他の会計規則、会計基準についても押さえておく必要があるでしょう。

売上計上時の在庫管理システム上の動き

　会計管理システムでは、棚卸資産の出荷・納品・検収完了時（前述の通り、企業が採用する会計基準によって異なります）に売上データとして、**会計仕訳データ**を生成します。この処理と連動して、在庫管理システム上では、棚卸資産が社外に流出したと認識し、自社の在庫数・在庫金額を減算します。少し会計管理的な話になりますが、在庫管理システ

ム上から在庫が減算されると、会計管理システムの売上原価の金額が同額分加算されます。これについては8‑1の「貸借対照表と損益計算書上の棚卸資産の存在」の図を再度参照すると、この意味が理解できると思います。

このように、在庫管理システムと会計管理システムは切っても切り離せない関係にあります。特に注意すべきは、**月末・月初の棚卸資産の取り扱い**です。会計管理に力を入れる会社では、月次決算値を取りまとめる会社もあるので、計上日に従った会計仕訳データを正しく生成する必要があります。

数値の取り方を誤ると、経営意思決定の方向性を誤らせる可能性を秘めています。そのため、在庫管理システムの開発を手掛けるエンジニアは、**会計規則や会計基準をしっかりと理解した上でプロジェクトに参画する必要**があるのです。

8-3 仕入計上処理

仕入計上の会計基準や在庫管理・会計管理データの動きを把握する

原材料（棚卸資産）を仕入計上するタイミング

おそらく大半のエンジニアの方は、原材料をいつ、どのタイミングで**仕入計上**するべきか、わからないと思います。売上計上処理と同様、仕入計上処理にも会計基準が存在します。下表は仕入計上に関する基準をまとめたものです。

◆原材料仕入れに関する会計基準

発送基準	・仕入取引先が原材料を発送した日を計上日とする基準 ・納品前に仕入計上を行うので、予定通りに原材料が届かなかった場合などは修正を行う必要がある ・他の2つの基準と比べて最も早く仕入計上を行うことができる
検収基準	・自社内で検収作業が完了したタイミングで仕入計上を行う基準 ・8-2でも触れたように、仕入計上における検収も同様の意味で、納品された原材料を検品し、問題や異常がないことを確認した上で所有権を移行させる手続きを指す ・通常、検収完了後はクレームなどを伝えることができない ・発送基準・入荷基準と比べると、仕入れの計上タイミングは最も遅くなるが、計上誤りなどを未然に防止できる
入荷基準	・原材料が届いた日に仕入計上を行う基準 ・別名：受取基準とも呼ばれるもので、3つの会計基準の中でも最もスタンダートな基準 ・原材料入庫時点で仕入計上を行うため、帳簿上と実地上の情報連携が行いやすい点も利点の1つ

日本の企業会計原則の中には、**継続性の原則**といった考え方があります。これは、「企業会計は、その処理の原則および手続きを毎期継続して適用し、みだりにこれを変更してはならない」というものです。企業は、前述の発送基準、検収基準、入荷基準のどれを採用しても問題はないのですが、気を付けなければならないことは、**基準採用後は簡単には変更できない**ということです。エンジニアの方は、在庫管理システムの

185

開発を発注したお客様が現在どのような会計基準を採用し、どのような会計処理を行っているのか、また今後どのようなシステム運用を目指しているのか、**要件定義や基本設計の工程でしっかりとヒアリングを行う必要**があります。

仕入計上時の在庫管理システム上の動き

ここでは、先ほど紹介した最もスタンダードな会計基準である「入荷基準」を前提として仕入計上時の在庫管理システムの動きを見ていきたいと思います。ここでの「入荷」とは前章で何度も登場した「入庫」とほとんど同じ意味になりますが、会計基準上の正確な表現では入荷を使うので、ここでは入荷という言葉に統一します。

今回は衣料品会社を例に考えていきましょう。衣料品を製作する際、生地に使用する綿や麻が原材料に該当します。大きな衣料品会社では、原材料を保管する倉庫センターや入荷品置き場を設置するところが多いでしょう。企業の管理体制、生産体制によって多少の違いはありますが、大まかなイメージとしては下図のように原材料の綿や麻が左から右に流れていき、生産工程に渡された後に加工されるものと捉えてください。

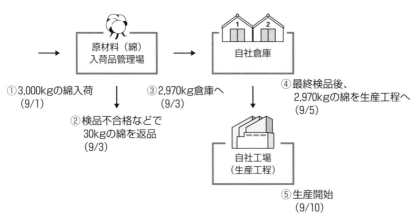

◆生産工程までの原材料の動き

前ページの図のような原材料の仕入計上を行う場合、綿を受け入れた入荷品管理場では、下表のように原材料のデータが流れていきます。

◆原材料（綿）入出荷管理表（入荷品管理場）

日付	原材料種別	ステータス	仕入計上	場 所	数 量(kg)	金 額(千円)
9/1	綿	入荷	○	管理場	3,000	xxx千円
9/3	綿	返品	—	管理場	△30	△xxx千円
9/3	綿	移動	—	自社倉庫へ	2,970	xxx千円

　9月1日に入荷した3,000kgの綿のうち、30kgが検品不合格で仕入取引先に返品され、残りの2,970kgは検品をクリアして、自社倉庫に送られました。入荷品管理場の手元には原材料がありませんので、9月3日以降の原材料の在庫量は0kgになります。

　また注目すべきは、上記の仕入計上列の○が付いた行です。今回の例では、入荷基準を採用しています。そのため、入荷した9月1日に仕入計上の○が付き、この時点で原材料の仕入れが行われたとみなします。**したがって、会計管理システム上もこの時点で原材料の仕入計上があったものとして、双方のデータが連携し合います。**

◆原材料（綿）入出庫管理表（自社倉庫）

日付	原材料種別	ステータス	仕入計上	場 所	数 量(kg)	金 額(千円)
9/3	綿	受入れ	—	管理場から	2,970kg	xxx千円
9/5	綿	移動	—	生産工程へ	△2,970kg	△xxx千円

　9月3日に入荷品管理場から受け入れた2,970kgの綿は自社倉庫に格納されました。その後、生産管理部門からの出庫要請を受けて、倉庫から工場に綿が出庫されました。9月5日以降、自社倉庫には綿がありませんので、入荷品管理場と同様に、原材料（綿）の在庫量は0kgが記録されます。

　今回の例では、会計基準は入荷基準を採用しているので、自社倉庫の

入出庫管理表上、**仕入計上のフラグは立ちません**。この列は削除しても問題ないのですが、今回は生産工程までの原材料の流れをよりわかりやすく理解してもらうために、あえて入出庫管理表上に仕入計上の列を残しています。

◆原材料（綿）入出庫管理表（工場）

日付	原材料 種別	ステータス	場　所	数　量 (kg)	金　額 (千円)
9/5	綿	受入れ	自社倉庫から	2,970	xxx千円
9/10	綿	生産	自社工場で使用	△2,970	△xxx千円

　工場側は、9月5日に2,970kgの綿を受け入れました。また9月10日には受け入れた綿をすべて消費し、衣料品の製造にあてました。結果として、工場側の原材料（綿）在庫量は0kgが記録されます。

在庫管理の動きと連動する会計管理システム

　前項では、部門別に原材料の動きを見ました。入荷品管理場、自社倉庫、工場と切り分けることで入荷から生産工程までの流れがわかりやすかったと思います。ただ生産管理システムにおいては、基本的に企業単位で原材料の量や金額を把握する必要があります。その理由として、株式化された会社は毎期会計年度ごとに決算手続きを行う必要があるからです。

　決算とは、企業の一定期間における収益や費用を計算し、設立当初定めた決算日における資産や負債の状況を明らかにする手続きを意味します。企業の規模や業界・業種に関係なく、1年に1回必ず行われるもので、株式会社だけでなく、日本政府や地方公共団体、一般社団法人なども法的に義務付けがなされています。

　また、年間収益や費用、資産、負債の数値をまとめた書類を**決算書**と呼び、税務申告に使用されるほか、東京証券取引所などに上場している企業であれば、決算書の内容を**定時株主総会**で承認を受ける必要が出てきます。

　このような手続き上の理由によって、企業は一部門ではなく、**1つの組織体として原材料や棚卸資産といった勘定科目単位の数値を取りまとめる必要**があるのです。

　イメージとしては、前述の各部門の原材料入出庫管理表を1つに集約することを想像してください。原材料は、入荷品管理場から自社倉庫へ、その後自社倉庫から工場に流れていき、生産部門で消費されました。結果として、企業内のどこにも原材料が残っていないのなら原材料は貸借対照表上0円になります。また原材料の綿を使用して衣料品を生産し、それが企業内に残っているのなら、それは棚卸資産として貸借対照表に計上されます。それが実際に販売されたのなら前節の売上会計基準に従って、売上計上されます。再掲となりますが、イメージは次の通りです。

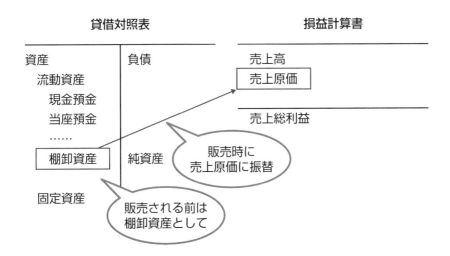

◆貸借対照表と損益計算書上の棚卸資産の存在

　こちらで会計管理と在庫管理のイメージがある程度理解できたのではないでしょうか。次節では、会計管理における在庫の計算方法について紹介したいと思います。

会計管理における在庫の計算方法

先入先出法・総平均法による棚卸資産の算出結果は異なる、採用する会計基準の把握は必須

在庫の具体的な計算方法

8-3では、会計管理システム上の在庫の動きについて触れました。既にお気づきの方も多いかと思いますが、金額算出の基礎となる棚卸資産の評価方法は企業ごとに異なります。また、どれを採用しても問題ありませんが、継続性の原則に従って選択した会計基準はみだりに変更することが許されていません。そのため、原価法の中の先入先出法を採用した場合は継続的に先入先出法を採用し続ける必要がありますし、移動平均法を採用した場合も同様です。

システムエンジニアの方はすべての会計基準に詳しくなる必要はありませんが、**少なくともお客様が採用している棚卸資産の評価方法を確認し、その評価方法に従った在庫金額の計算ロジックを設計する必要**があります。

本節では、そうした評価方法の中から、多くの企業が採用している**先入先出法**と**総平均法**による棚卸資産の具体的な計算方法について触れたいと思います。

棚卸資産の計算方法①先入先出法

先入先出法は、**先に受け入れたものから先に販売する**といった考え方になります。身近にあるコンビニエンスストアを想像するとわかりやすいと思いますが、消費期限や賞味期限が近い商品、つまりは先に受け入れた古い商品が基本的には陳列棚の前のほうに並んでいると思います。このように、先入先出法は実取引に近い考え方のため、小売業や物販業によく採用されています。

前節と同様に、本節においても衣料品会社を例に挙げて説明を続けます。原材料の綿を工場で加工し、衣服を生産したとしましょう。この衣

服が完成品であり棚卸資産に該当します。通常、工場で生産されたものは本社や販売拠点に輸送されます。今回の例では、工場で生産したものを本社にすべて輸送するものとして、棚卸資産の計算を行います。

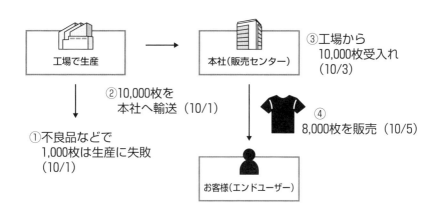

◆**本社が行う棚卸資産受入れと払出しのイメージ（10月）**

上記の流れを表にまとめると、次のようなイメージになります。

◆**棚卸資産受入れ・払出管理表（本社）10月月次（先入先出法）**

日付	種 別	ステータス	場 所	数 量 (枚)	原 価（@）	金 額
10/3	衣料品	受入れ	本社	10,000	@1,000円	10,000千円
10/5	衣料品	払出し	お客様販売	△8,000	@1,000円	△8,000千円
月末	衣料品	在庫	本社	2,000	@1,000円	2,000千円

10月1日に工場から棚卸資産（衣料品）10,000枚を受け取り、その後お客様から注文が入り、8,000枚を払い出しました。本社の棚卸資産の在庫数は2,000枚になります。また製造原価は1枚当たり1,000円になるので、200万円の棚卸資産残高となります。おそらくここまではイメージできるのではないでしょうか。

次に棚卸資産残高を意識しつつ、11月に新規分の棚卸資産を受け入れする流れを見ていきます。

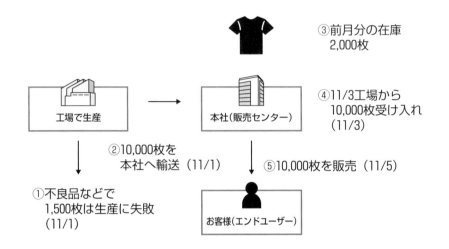

③前月分の在庫
2,000枚

④11/3工場から
10,000枚受け入れ
(11/3)

⑤10,000枚を販売 (11/5)

②10,000枚を
本社へ輸送 (11/1)

①不良品などで
1,500枚は生産に失敗
(11/1)

◆本社が行う棚卸資産受入れと払出しのイメージ（11月）

　上記の流れを表にまとめると、次のようなイメージになります。

◆棚卸資産受入れ・払出管理表（本社）11月月次（先入先出法）

日付	種　別	ステータス	場　所	数　量 （枚）	原　価(@)	金　額
月初	衣料品	在庫	本社	2,000	@1,000円	2,000千円
11/3	衣料品	受入れ	本社	10,000	@1,500円	15,000千円
11/5	衣料品	払出し	お客様販売	△2,000 △8,000	@1,000円 @1,500円	△2,000千円 △12,000千円
月末	衣料品	在庫	本社	2,000	@1,500円	3,000千円

　10月末時点で在庫として計上されていた棚卸資産残高が11月月初に繰り越されてきました。また、11月1日に工場から新しく10,000枚を受け入れました。合算すると、12,000枚です。

　ここで気を付けるべき点は、**製造原価が異なること**です。10月は1枚当たり1,000円で生産していましたが、11月は1枚当たり1,500円で生産を行っています。原材料の高騰や人件費が上昇したのかもしれません。その後、11月5日に10,000枚を販売しています。今回は先入先出法を採

用しているので、古いものから先に販売していきます。結果として、月末には11月に新しく仕入れた製造原価が1枚当たり1,500円の棚卸資産が残ります。11月末時点の棚卸資産残高は左の表の通り、300万円になります。先入先出法のイメージはつかめたでしょうか。

次に総平均法の考え方について触れたいと思います。

▌棚卸資産の計算方法②総平均法

総平均法は、**対象期間中の棚卸資産の価格総額から1単位当たりの平均原価を算出した後、その平均原価に月末（企業によっては期末）の棚卸資産在庫数を乗じる方法**です。今回も衣料品会社を例に総平均法を用いた棚卸資産の計算方法を説明します。

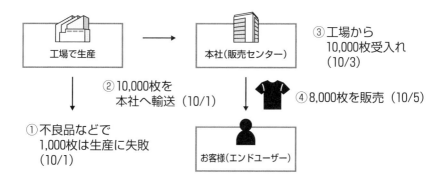

◆棚卸資産受入れ・払出管理表（本社）10月月次

棚卸資産の数や金額は先入先出法のときから変わりません。表にまとめると、次の通りです。

◆棚卸資産受入れ・払出管理表（本社）10月月次（総平均法）

日付	種　別	ステータス	場　所	数量@（枚）	原価（@）	金　額
10/3	衣料品	受入れ	本社	10,000	@1,000円	10,000千円
10/5	衣料品	払出し	お客様販売	△8,000	@1,000円	△8,000千円
月末	衣料品	在庫	本社	2,000	@1,000円	2,000千円

10月末時点では、仕入回数が1回のみなので、月末時点の棚卸資産の評価は簡単です。2,000枚に対し、1枚当たりの原価1,000円を乗算するだけです。結果、10月末時点の棚卸資産残高は200万円になります。

　続いて11月の棚卸資産の動きを見ていきましょう。

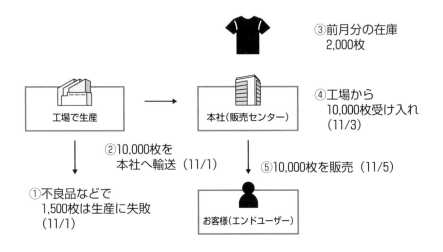

◆**本社が行う棚卸資産受入れと払出しのイメージ（11月）**

　こちらも先入先出法と同様の図になります。棚卸資産の動きに関しては変化はありませんが、計算方法はどうでしょう。下表にまとめてみます。

◆**棚卸資産受入れ・払出管理表（本社）11月月次（総平均法）**

日付	種別	ステータス	場所	数量@（枚）	原価（@）	金額
月初	衣料品	在庫	本社	2,000	@1,000円	2,000千円
11/3	衣料品	受入れ	本社	10,000	@1,500円	15,000千円
11/5	衣料品	払出し	お客様販売	△10,000	@1,416…円	△14,166…千円
月末	衣料品	在庫	本社	2,000	@1,416…円	約2,834千円

　先入先出法と比較すると、11月5日時点の行に違いがあります。先入先出法では、古い棚卸資産から先に払出し、それに基づき1枚当たりの

原価を計算しました。今回は総平均法です。**繰越分を含めた総額を個数で除算し、1枚当たりの原価を算出します**。結果として、月末時点の棚卸資産残高の結果も変わります。先入先出法を採用した場合、11月末時点の棚卸資産残高は300万円でしたが、総平均法を採用した場合には約280万円になります。

　このように採用する会計基準によって棚卸資産、つまりは在庫の計算方法も変わってきます。在庫管理システムを開発するシステムエンジニアの方は、在庫の動きだけでなく、**会計管理システムの動きにも目を配る必要**があるのです。

第 **9** 章

在庫管理に付随する
関連システム(5)
原価管理

原価管理の必要性

国や自治体に報告義務のない原価管理に会社が注力する理由

原価計算とは？

　前章で触れた衣料品企業の製造・生産ラインでは、会社が仕入先から原材料や物品などを購入し、それらを加工して商品を製造・生産し、お客様や得意先に販売します。この製造・生産工程では、原材料や物品などの調達費用のほか、加工作業にかかるスタッフの人件費、さらには製造・生産に必要な設備機械の減価償却費といったさまざまな費用がかかります。

　これら商品の製造・生産にかかった費用を計算し、商品の原価を計算するのが**原価計算**になります。原価計算は、1962年に大蔵省（現在の財務省）の企業会計審議会が公表した**原価計算基準**が日本の原価計算の礎となっています。この原価計算基準では、「商品」という言葉ではなく、「**製品**」という言葉が使用されているので、ここでは「製品」という言葉に統一して話を進めます。

原価計算の目的

　原価計算基準では、原価計算の目的は5つあるとされています。1つ目は、**貸借対照表や損益計算書といった決算書類として対外向けに決算数値を公表する**ため、2つ目は、**製品をいくらで販売するか検討する**ため、3つ目は**製造にかかった原価内訳を分析して無駄なコストを抑える**ため、4つ目は**翌月、翌年度の事業予算を考える**ため、最後の5つ目は**中長期的な経営企画を思案する**ためです。

　各目的について詳しくは触れませんが、原価計算はこのような理由に基づいて行われていることを頭の片隅に置いてもらえると、原価計算と在庫管理がなぜ密接に関連しているのかがよく理解できると思います。

財務諸表目的　　価格計算目的　　原価管理目的　　予算編成目的　　経営計画目的

◆原価計算の5つの目的

原価の構成要素

　原価を計算する上で最も大切なことは、**製造・生産にかかった費用を細目ごとに分類し、計算・管理を行うこと**です。現行の原価計算のルールでは、①材料費、②労務費、③経費の3つに分類されます。それぞれについて見ていきます。

原価の構成要素①：材料費

　原価の構成要素の1つである材料費はその名の通り、**製造・生産に使用する原材料の原価**を指します。一例を挙げると、ラーメン屋であれば麺の製造・生産に使用する小麦粉やスープに使用する鶏ガラや豚骨、麺の上に乗せるメンマやチャーシュー、長ネギやもやしが材料費に該当します。通常、材料費は製造・生産量が増えればそれに比例して増えるものです。

　原価計算上、この材料費は**直接材料費**と**間接材料費**に分類されます。ラーメン屋でしたら直接材料費はラーメンの製造・生産にかかった金額を個別計算できるものが対象になり、個別の計算が難しいものは間接材料費として扱います。例としては、ラーメンを作る際に使用する使い捨ての手袋やチャーシューの油を吸うために使用するキッチンペーパーなども、間接材料費に該当します。この直接と間接の分類が正確になればなるほど、後々の原価計算システムの精度も上がりますし、それが在庫管理システムやその他の業務管理システムにも影響を与えます。

ラーメンの場合

鶏ガラ

長ネギ

使い捨て手袋

小麦粉

メンマ

チャーシュー

もやし

キッチンペーパー

直接材料費

間接材料費

◆材料費の2つの分類

原価の構成要素②：労務費

　製品を製造・生産し、販売するまでにかかる労働力の対価が労務費に該当します。具体的な労務費を挙げると、製造部門や生産部門で働く工員の賃金、本社や営業事務所などの製造・生産ライン以外で働くスタッフの給料、その他工員やスタッフへの賞与や退職金の積立分、社会保険の企業負担分も労務費に該当します。また前述の材料費と同じように、労務費も**直接労務費**と**間接労務費**に分類されます。

原価の構成要素③：経費

　材料費、労務費に分類されないそれ以外のものは経費として扱われます。

結果として、経費にはさまざまな原価が含まれます。製造部門や生産部門がある会社であれば、最も金額が膨らむ経費は水道光熱費になるでしょう。この経費も直接的に製造・生産に関わったかどうかで**直接経費**と**間接経費**に分類されます。在庫管理システムと直接関係してこないので詳しくは触れませんが、この経費も測定経費、支払経費、月割経費、発生経費のように、企業の原価計算制度によって、さらに細かく分類されます。

原価計算では、この材料費、労務費、経費が原価の構成要素になります。

◆原価の構成要素

名　称	直接原価（直接把握可）	間接原価（直接把握不可）
材料費	直接材料費	間接材料費
労務費	直接労務費	間接労務費
経費	直接経費	間接経費

この直接と間接の考え方について一例を挙げると、原材料Xは製品Xにだけ使われ、原材料Yは製品Yにのみ使われるとします。このようなわかりやすい例でしたら、どこにどれだけの量の原材料が消費されたかがすぐに把握できると思います。一方、水道光熱費は製品Xにも製品Yにもどのような按分で消費したか、直接的な把握が難しいはずです。このような状況下においても計算・管理を円滑に行うために、現行の原価計算では費用を直接費用と間接費用に分類しているのです。

ここでの直接原価と間接原価の考え方は9-3でも登場するので、しっかりと理解した上で次節に進むようにしてください。

9-2 原価計算の種類

各原価計算の概要、仕掛品・完成品原価の確定の流れ
など原価管理のイメージをつかむ

業界・業種、取り扱う商品によって異なる原価計算の仕組み

業界・業種が多岐にわたるように、原価計算の種類も分かれています。現行の原価計算を一覧化すると、次の通りです。

◆主な原価計算の種類

種　別	原価計算		
業態別	総合原価計算	単純総合原価計算	単一工程単純総合原価計算
			工程別単純総合原価計算
		等級別総合原価計算	単一工程等級別総合原価計算
			工程別等級別総合原価計算
		組別総合原価計算	単一工程組別総合原価計算
			工程別組別総合原価計算
	個別原価計算		
目的別	標準原価計算		
	実際原価計算（全部原価計算）		
	直接原価計算		

総合原価計算は、規格化された標準的な製品を続けて大量に生産する企業向けの原価計算です。パソコン端末、家具や消費財を取り扱う大手企業が採用しています。**個別原価計算**は、受注生産を行う企業が採用しています。受注生産の場合、1つひとつ製品の仕様や設計が異なるので、製品単位、注文単位で原価を算出したほうが都合が良いのです。残りの3つは種別が異なることもあり、前述した総合原価計算、個別原価計算とは意味合いが異なります。

1つ目の標準原価計算は、科学統計的な分析に基づいて算出した標準原価によって、**製品原価**を算出する方法です。2つ目の実際原価計算（全部原価計算）は、実際に製造・生産に使用された原材料や物品などの数

量、単価、費やした作業時間を積算した**実際発生原価**によって製品単価を算出します。3つ目の直接原価計算は、製品の製造にかかる費用を固定費用と変動費用に分類した上で、固定費用については総額を**期間原価**として扱い、個々の製品の製造に直接的に関係する変動費は製品原価として取り扱います。

エンジニアの方は、原価計算制度すべてを理解する必要はありません。ただ、**お客様が採用している原価計算制度が何かを知り、その制度が在庫管理システムと隣接する原価管理システムにどのような影響をもたらすのか**、設計・開発フェーズに入る前に念入りに調べる必要があります。

本書ではすべての原価計算制度については触れませんが、代表的な原価計算制度の1つである総合原価計算の中の**単一工程単純総合原価計算**について少しだけ触れておきたいと思います。

単一工程単純総合原価計算とは？

単一工程単純総合原価計算は、その名の通り、**単一製品を単一工程で製造・生産する工場に適用される原価計算**です。一定期間に発生した費用をその期間に製造・生産した品数で除算し、1個当たりの製品単価を計算します。勘の鋭い方は既におわかりかと思いますが、単純総合原価計算の中の工程別単純総合原価計算は、**単一製品を複数の工程で製造・生産する工場で用いられる原価計算**です。工程別単純総合原価計算の場合、各工程内で発生した共通費用を配賦（はいふ）する手続きが必要になります。本書は原価管理システムに関する書籍ではないため、配賦の仕組みや詳細に関しては別の書籍に譲ることとします。

話を戻しましょう。単一工程単純総合原価計算は前節で例に出したラーメン屋で使用される麺を作る製麺業のほか、製氷業、電球製造業の事業者などに適用されています。単一工程単純総合原価計算では、1個当たりの製品単価を次ページの図のように算出します。

単一工程単純総合原価計算を採用している会社の場合、原価管理システム上も次ページの図の計算方法に合わせてシステムを設計する必要があります。

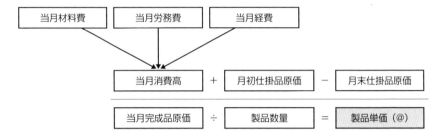

◆単一工程単純総合原価計算による製品単価の算出方法

仕掛品原価と完成品原価

　仕掛品原価と完成品原価は、原価管理システムもしくは会計管理システムを設計するエンジニアの範疇（はんちゅう）になりますが、製造・生産された棚卸資産は原価計算を終えた状態で既に本社や販売拠点に出荷されているので、基本的には在庫管理システムの中でその金額が算出されます。原価管理システムと在庫管理システムはともに密接に関連し合いますが、2つのシステム間でどこからどこにデータを受け渡し、処理を実行するのか、その順序を事前取り決めの中で明確にしておく必要があります。

　それでは、仕掛品原価と完成品原価はどのような流れで確定するのでしょうか。今回は電球製造業者を例にして仕掛品原価から見ていきたいと思います。前月末、完成できなかった未完成の電球が10万個あるとします。また、それらを含めて当月中に150万個の電球を製造・生産し、そのうち15万個が前月末と同様に仕掛品として未完成の状態で残ってしまったとします。結果として、当月中に完成した数量は145万個となります。これらの一連の流れをまとめると次ページの表の通りになります。よりイメージしやすくするために、適当な金額を入れています。

◆仕掛品原価と完成品原価の一例（電球製造の場合）

前月末の仕掛品原価 10万個　10百万円（@100円）	当月の完成品原価 145万個が完成
当月の材料費 60百万円	
当月の労務費 30百万円	150万個
当月の経費 75百万円	当月末の仕掛品原価 15万個

　仕掛品原価の計算はこれだけでは完了しません。上表のように、通常の生産活動では、仕掛中の未完成品が残ります。問題はその未完成品がどこまで完成したか、つまりは**加工進捗度**を算出しなければならないのです。ここでの加工進捗度とは、作業の進み具合のことです。完成品を100％としたとき、**未完成品の仕上がり度がどの程度あるかを求める**必要があるのです。

　直接材料費に関しては、基本的には**始点投入**、つまり製造工程の入口段階から材料を使用して作り始めるので、加工進捗度の計算を行う必要はありません。

　一例として挙げた白熱電球で考えてみましょう。白熱電球の外側はガラスの元となる珪砂でできています。この珪砂をドロドロに溶かし、必要な形に成型すると白熱電球の形をしたガラスができ上がります。直接材料費として考えられる原材料の珪砂は始点投入されているので、加工進捗度を意識する必要がないのです。

　直接材料費以外の費用に関しては、加工進捗度の算出が必要になります。労務費を例に考えていきましょう。工場で電球の加工・組立作業を行う工員をイメージしてください。仮に1つの電球を加工・組立てをするために3分の作業時間が必要だとします。月末時点、3分かかる作業の中で、1分しかできなかったとします。その場合、加工進捗度は約33％になります。1.5分まで作業が終わっているなら50％です。

　このように、直接材料費以外のその他の費用項目は、加工進捗度を加味した**完成品換算量**をベースとして、仕掛品原価と完成品原価を算出し

ます。完成品換算量は、当月末仕掛品数量に対し、加工進捗度を乗じて計算します。仮に完成品換算量が10万個とした場合、前ページの表は次のように修正されます。

◆加工進捗度を加味した仕掛品原価と完成品原価の一例（電球製造の場合）

前月末の仕掛品原価 10万個　10百万円（@100円）	当月の完成品原価 145万個が完成
当月の材料費 60百万円	150万個 （完成品換算量をもとにした 投入量：145万個）
当月の労務費 30百万円	
当月の経費 75百万円	当月末の仕掛品原価 15万個 （完成品換算量：10万個）

　すなわち、**直接材料費以外の費用は、加工進捗度を加味した完成品換算量をベースとして、原価計算を行う流れ**となります。

加工進捗度算出の簡便処理

　工場における原価計算では、前述のようなやり方で加工進捗度を算出し月末の仕掛品原価を算出していますが、仕掛品の金額や数量が少ない場合には、重要性の観点から完成品換算量を考慮せずに処理することもあります。また、連続した製造・生産ラインで加工・組立てがなされ、同工程内での加工進捗度が０〜100％まで一様に分布する場合には、加工進捗度を50％とみなし、簡便的に原価計算を行う場合もあります。簡便処理を採用するかどうかは企業の原価計算方針によって決定されます。

原価管理システムの役割

原価計算の誤りが大きいリスクにつながる、データ収集を正確にできるシステム構築が必須

生産にどれほどのコストがかかったのか適切に計算する

　9-1では原価を構成する要素である材料費や労務費、経費が持つ意味について具体的に解説してきました。9-2では、企業が採用する原価計算の種類について触れ、電球製造業者を前提とした単一工程単純総合原価計算の流れを見てきました。

　本節では、原価および原価計算制度の前提知識をもとに、原価管理システムの役割とシステム構築時のポイントについて説明します。

商品生産のコストを計算・管理する

　原価管理システムは、**商品生産のためにどれほどのコストがかかるのかを計算・管理するもの**です。小売業や卸売業の場合、完成された商品のみを取り扱うので、原価・利益の把握がしやすいですが、製造業ではそう簡単にはいきません。商品を構成する原材料を仕入れ、生産活動を担う工具の人件費や機械設備の購入にかかる費用、外注する場合はその外注費用、さらには生産現場内で発生する水道光熱費などを按分計算しなければなりません。これらの生産製造活動にかかる原価はすべて原価管理システム内で行われます。

　原価管理システムが機能する会社では、適切な原価計算が行われます。これは、最終的には正しい利益計算の算出につながります。つまりは**商品を生産製造し、どれほどの儲けが出ているのかを把握できる**のです。

　また、製造・生産の現場では使用する原材料の変更、生産方法の見直しがかかることも考えられます。正しい原価管理システムの設計・開発・運用がなされていれば良いのですが、そのような事態への対応がなされていない場合、商品1つひとつの原価計算を誤ることになります。結果

207

的に利益計算を誤り、本当に会社が儲かっているのかどうかがわからない状態になると、経営管理の観点から非常に大きなリスクを抱えることになります。そのため、在庫管理システムと同様に、原価管理システムの役割は非常に大きく、あらゆる事態に備えて設計・開発される必要があるのです。

原価管理システムを構築する際のポイント

適切な原価管理は、商品単位の正確な原価・利益がわかるだけでなく、生産活動の進捗管理や原材料の発注量コントロールにもつながり、欠品や売り切れ、過剰在庫といったリスク排除にも大きく貢献します。結果として、会社全体のキャッシュフロー改善や業務効率の向上といったメリットを享受できます。

このようにメリットの大きい原価管理システムですが、構築時には注意が必要です。ここでは、具体的にどのような点に注意すべきかを説明していきます。

9‐1の原価の構成要素でも触れましたが、原価は直接原価と間接原価に分類されます。直接原価とは、直接材料費、直接労務費、直接経費で構成されているもので、1つの商品生産にかかることが明確にわかる費用を指しています。つまりは商品を作るための作業時間（作業原価）や商品に使われている原材料（原材料原価）などがそれに該当します。他方、間接原価は間接材料費、間接労務費、間接経費で構成されているもので、直接原価とは異なり、生産活動にどれだけかかるかが把握できないもの、難しいものを指しています。水道光熱費や生産活動に直接関与しないスタッフの人件費が間接原価にあたります。

原価管理システム上、管理・計算対象となるのは直接原価になります。間接原価に関しては前述の通り、直接的な把握が難しいものになるので、会社独自に定めた按分方法などによってシステム投入されることが多いです。そのため、ここでは直接原価に目を向けて説明を続けます。

原価管理システム上、直接原価データは次の方法で収集することになります。

・作業原価　　：生産活動着手時点から完了時点までの時間を測定
・原材料原価：生産活動着手時点から完了時点までに投入した原材料を
　　　　　　　記録

　作業原価を測定する際に注意すべき点は、**生産活動中断時間の取り扱い**です。ここでの中断時間とは、機械設備のトラブルによる中断のほか、生産活動に携わる工員の方の休憩時間などを指しています。適切な原価計算を行うためには、**このような中断時間は除外できるように**原価管理システムを設計・開発しなければなりません。また取り扱う商品によっては、切削工程・加工工程・組立工程のように、複数工程に分かれていることが普通です。原価管理システム上、作業原価を正確に計算するためには、どの工程で生産活動が中断しているのかをしっかりと把握する必要があります。そのため、原価管理システムの設計時には**各工程別に作業原価と中断時間の測定が行えるよう**に考慮しなければなりません。

　原材料原価は、各工程で使用される原材料と投入時点を正しく記録する必要はありますが、作業原価と比べてそこまで複雑な仕様にはならないことが多いです。ただ原材料の管理が数量単位ではなく、束や重量単位になる場合にはどの工程にどれだけ使用したのか不明確になるケースもあるので、**取り扱う原材料の性質や単位をしっかりと把握し、システム設計時にしっかりと落とし込むこと**が重要になります。

標準原価計算の概要

　前節で触れましたが、標準原価計算は科学統計的な分析によって算出した標準原価を用いて、製品原価を算出する方法です。標準原価計算を採用する場合、通常では年度頭に事業予算などをもとに標準原価を定めます。規模の大きな会社になればなるほど、評価期間は細分化される傾向があり、毎週末、毎月末、毎四半期末、毎年度末といった形で標準原価を見直し、実際原価などと比較評価します。

　9-1で紹介したように、この標準原価の原価構成も基本的には変わりません。原価3要素である材料費、労務費、経費を直接費もしくは間接費に分類し、それぞれを集計するのです。間接費に分類された各費用は原価計算上、**製造間接費**という名目で合算して扱われます。標準原価計算を導入する企業は将来的な業績を先読みできる反面、業務手続きが煩雑になります。下図を使用して標準原価設定の流れを見ていきましょう。

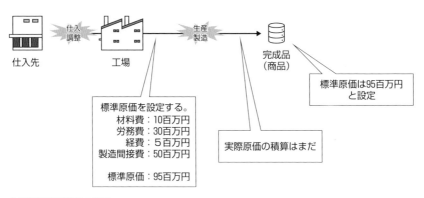

◆標準原価設定の流れ

　原価管理担当者は、過去実績などをもとにして各種費用の標準値を算出しなければなりません。前ページの図では、材料費が10百万円、労務費が30百万円、経費が5百万円、製造間接費が50百万円になると予測して設定を行っており、結果として完成品（商品）の標準原価は95百万円になるだろうと計画を立てています。

　しかし、実際原価も考慮するとそううまくはいかないでしょう。なぜなら、事業活動を行う中で原材料の価格が値下がりしたり、工場で働く工員の賃金が上昇したり、水道光熱費が予想以上にかかったりするからです。前ページの図では、実際原価の積算が終わっていない状態ですが、時間の経過とともに、材料費、労務費、経費、製造間接費の数値が明らかになります。結果的に、原価計算の実務では標準原価と実際原価には何らかの乖離が発生します。その乖離のイメージは下図の通りです。

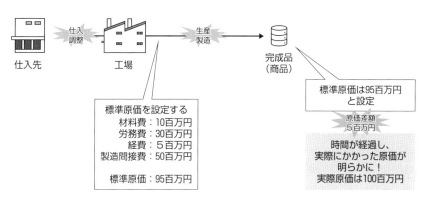

◆標準原価と実際原価の乖離

┃原価差異は当該年度の売上原価として計上する

　この標準原価と実際原価の差分として現れるのが**原価差異**です。原価差異は、原則**当該年度の売上原価**として計上しなければなりません。前節で登場した期末仕掛品のような在庫扱いとして考えてはいけないのです。在庫管理システムと原価管理システムを扱うエンジニアとしては、このあたりに注意を払う必要があります。

標準原価と実際原価の差分は**総原価差異**となります。あえて原価差異の頭に「総」という言葉を付けたのは、原価差異を細分化して分析する必要があるからです。原価差異に対するアプローチ方法は次の通りです。

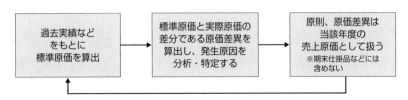

◆原価差異に対するアプローチ

企業によって原価差異に対するアプローチや対処法は異なりますが、発生原因を追跡し特定できると、翌期以降の標準原価計算の精度がより向上します。また、原価管理実務では次のような原価差異が発生します。

◆原価差異の内訳

原材料に関する原価差異	材料受入価格差異		原材料の受入価格を標準価格をもって計算することで発生する差異
	直接材料費差異	価格差異	原材料の標準消費価格と実際消費価格との差異
		数量差異	原材料の標準消費量と実際消費量との差異
労務費に関する原価差異	直接労務費差異	賃率差異	標準賃率と実際賃率との差異
		作業時間差異	標準作業時間と実作業時間との差異
製造間接費に関する原価差異	製造間接費差異	能率差異	標準値（目標値）と実際操業度との差異
		操業度差異	基準操業度に対する実操業度との差異
		予算差異	実際操業度に基づく製造間接費発生額と予算許容額との差異

材料受入価格差異と**直接材料費差異**はどちらも原材料に関する原価差異になりますが、材料受入価格差異は原材料仕入購買時の標準受入価格と実受入価格の差分であるのに対して、直接材料費差異は工場内での組立てや加工時における標準直接材料費と実際消費価格の差分になるので、発生時点に違いがあります。直接材料費差異のうち、価格差異は標準消費価格と実際消費価格の差分から生まれるもので、数量差異は標準消費量と実際消費量の差分から生まれるものです。どれだけ綿密な購買計画

や生産計画を策定しても、計画値と実績値には乖離が発生するものです。それらを価格や数量に分けて管理することで次期に活かすのです。

直接労務費差異は工場で働くスタッフの直接的な稼働から生まれる差異を意味します。そのうち、**賃率差異**は賃率変更などに伴い、標準賃率と実際賃率で乖離する差分を指しており、他方の**作業時間差異**は想定される作業時間を超過して作業を行った場合に発生する差分を意味しています。作業時間差異は、工場内の工員のスキル不足に伴う作業時間の増加や標準時間の設定誤りなどにより発生します。

製造間接費差異は、製造間接費の標準値と実績値の差分を指しており、構成要素は**能率差異**、**操業度差異**、**予算差異**となります。このうち、能率差異は、作業の非効率などが原因で発生する差分を指しています。操業度差異は、天災などが理由で当初予定していた生産水準を達成できなかった場合に生まれる差分を意味しています。最後の予算差異は、想定以上の経費などがかかった場合に発生する差異であり、実際操業度に基づいた製造間接費発生額と予算許容額の差分で算出します。

経費に関しては、大半が間接費に分類されるため、直接経費の中で差異が発生することは少なく、原価管理実務上も差異として認識されないことがほとんどのため、前ページの表の中には記述していません。

また、前述の通り原価差異は原則、売上原価として計上しなければなりません。ただ多額の原価差異が発生する場合には、金額的重要性を鑑みて売上原価と期末仕掛品（在庫）に正しく配賦する必要があります。本節では、**原価差異も期末仕掛品のような在庫の科目に影響を与えること**を頭の片隅に入れておくと良いでしょう。

┃原価標準改定の際の評価替手続き

企業が標準原価計算を取り入れている場合、原価差額の説明でも触れましたが、原材料価格の改定や工員の賃率改定、工場内で稼働させる機械設備の入替時期も意識しておく必要があります。企業の事業方針の変更などにより、各種改定が行われた場合、標準原価にも影響を及ぼすからです。また原価管理システムもそれらに備えて、**原価標準改定時の処**

理がマスタから行えるように、**柔軟性を持たせる**必要があります。

　各種原価標準の改定がなされた場合、当該発生日に金額補正を行います。補正処理によって発生する差分は、前項で触れた原価差額として記録します。原材料価格に関する改定であれば差異科目は材料受入価格差異が適切でしょう。

▍補足・直接原価計算（部分原価計算）について

　9-2では、単一工程単純総合原価計算について触れました。その中で、大手製造企業などが採用する総合原価計算の仕組みや実際原価の算出方法について見てきました。9-3では、標準原価計算の仕組みや実際原価との比較によって生じる原価差異の詳細について触れ、それらが期末仕掛品、つまりは原価管理上の在庫にどのような影響があるのかを紹介しました。

　実際原価計算や標準原価計算とは異なり、直接原価計算は別名、**部分原価計算**と呼ばれるもので、発生した原価のうち、変動費のみを製造原価として集計し、固定費部分については製造原価に集計しないものであり、この方法に基づいて算出された製造原価で財務諸表などを作成することは認められていません。

　ただ、直接原価計算を採用することにより、商品販売量と利益の関係性がより具体的かつ明瞭になることから、管理会計上では有用とされています。この管理会計のあり方は企業によってかなり姿・形が異なるものです。そのため、本書ではこの直接原価計算については具体的に触れることはせず、別の書籍に譲ることとします。

第 10 章

その他在庫管理と関連性のある業務管理システム

物流管理システムの LMS

トラブルが起きやすい物流管理を支える仕組み

業界・業種に特化したLMS、TMS、WMS

　ここまで在庫管理システムに付随するシステムとして、生産管理システム、販売管理システム、購買管理システム、会計管理システム、原価管理システムについて詳説しました。大半の企業では、これらのシステムを包括して「**基幹システム**」と呼ぶことが多いです。基幹システムは、企業が事業活動を遂行する上で根幹となる業務の管理システムを指しますが、企業によってはこの「根幹となる業務」の意味合いが少し異なります。たとえば、流通業を営む企業なら物流が根幹業務になり、運送業の場合は、輸送や配送が根幹業務に該当します。倉庫業を営む企業の場合は倉庫管理がそれにあたります。

　さまざまな業界・業種が存在するように、業務管理のあり方も多様化しており、それに合わせて業務管理システムも変化しています。とりわけ、大手企業を中心として、この業務管理システムのあり方は独自の発展を遂げています。たとえば、前述の物流業の企業向けには**LMS**（Logistics Management System）と呼ばれる物流管理システム、運送業の企業向けには**TMS**（Transport Management System）と呼ばれる輸配送管理システム、倉庫業を営む企業向けには**WMS**（Warehouse Management System）と呼ばれる倉庫管理システムが使用されています。

　これらは業界・業種に特化した業務管理システムになるため、第5章から第9章のように個別で章立てての解説はしませんが、在庫管理システムと関連性を持つ業務管理システムとしての顔を持ち合わせているので、本章の中で少し解説したいと思います。ですが、これらはそれぞれ共通する機能を持ち合わせていることが多いため、本書ではそれぞれの特徴的な部分にのみ焦点を当てて説明します。

LMSとは何か？

　昨今、日本国内ではDXが騒がれています。世界に目を向けてもグローバル全体のサプライチェーンがほころびを見せ、今まで以上の安定供給が求められるようになりました。とりわけ、製造業や物流業では、このDXを実現するためにサプライチェーンの強化が必要不可欠となっており、その根幹を支えるのがLMSです。

　LMSは、商品の仕入れからエンドユーザーへの物流まで、全般を管理統制するために構築される業務管理システムで、企業によってはLMSを基幹システムとして構築することもあります。もちろん、LMS上で商品を取り扱うので、在庫管理業務とも関連性を持ちます。大手の製造業や物流業では、この物流管理システムはその名の通り物流管理に導入されることが多いです。

　またLMSと類似する言葉として、後述するTMSやWMSがあり、導入する企業の考え方や業務範囲によって、これら導入するシステムの名称が異なります。TMS、WMSについては別の節で触れますが、LMSの役割は明白で、**常に変化する市場や労働環境にうまく適応しながら最適な物流計画を立案し、現場の業務オペレーションを踏まえた進捗管理やKPI管理を行うこと**にあります。LMSの中でも重要とされるこの物流計画と進捗管理およびKPI管理についてはこの後に説明します。

物流計画の策定

　物流計画の目的は、「決められた拠点の決められた区画に決められた時間に商品を届ける」ことにあります。当たり前のように聞こえるかもしれませんが、取り扱う品目や商品数が膨大にある企業にとっては、これらを実現するために相当な投資を行っており、また綿密な計画を立てる必要があります。

　この後説明するTMSにも関連する話ですが、物流計画を策定する際には、物流に必要となるトラックの台数やルート設計を固めなければなりません。トラックの台数を増やせば増やすほど大量の商品を安定的に

輸送できますが、輸送量が減少するとトラック内の空きスペースが増えてしまい、採算性が悪化します。

　ルート設計は物流拠点数が増えれば増えるほど複雑になり、外的要因による影響を受けることも多々あります。たとえば、配送先によっては曜日指定や時間指定が入ることもあり、配送先で荷降ろしする際、手降ろしの場合もあればパレット降ろしになる場合もあり、現地でかかる時間が変動する可能性があります。また運搬に使用するトラックには積載量があるので、どのトラックにどれだけの量を積載するのか、あらかじめ計画を立てなければならないのです。さらに物流拠点間の移動の際には、道路規制などにも気を付けなければなりません。大型トラックでは通行できないケースがあるからです。もちろんトラックだけでなく、運転手の休憩時間や交通事故、天災などの発生率にも目を向ける必要があります。

　前述の内容は輸送時の話ですが、LMSを構築する際には運搬時のほか、物流拠点内での管理にも気を付けなければなりません。大量の商品を一度に運ぶと荷受先のキャパシティを超えてしまう可能性があるからです。

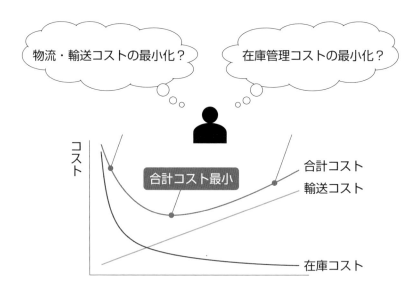

◆物流・輸送コストと在庫管理コストの関係性

前章でも何度か触れていますが、倉庫や管理センター内で商品の在庫が増えると、管理コストが膨らむことになります。そのため、物流計画策定時においては、**輸送コストの最小化と在庫管理コストの最小化を意識しながら、それぞれの合計コストが最小化するポイントを模索する**必要があるのです。物流モデルや在庫管理モデルによって多少の違いはありますが、イメージとしては前ページの図の通りです。

先に述べたように、物流計画は「決められた拠点の決められた区画に決められた時間に商品を届ける」よう策定される必要があります。ただ、それを一度で実現することは非常に難しく、**LMSを運用しながら物流に関連するデータを蓄積し、分析・検証しながら都度パラメータを調整して、最適解を探し続けること**が重要になります。

物流進捗状況管理・KPI管理

物流計画を策定した後、LMSを実際に運用することになります。具体的には各入出荷商品の進捗状況を管理します。拠点数が多い企業ほど、前工程と後工程の担当者から問い合わせが増えるものです。そのため、現在どの拠点にどれだけの商品が運搬されているのか、LMSの管理画面を通じて的確に状況を把握することで、寄せられた問い合わせにも迅速に回答でき、商品の到着遅延などにも柔軟に対応することが可能になります。

昨今では、進捗状況管理と同時並行的に**KPI管理**を行う企業も増えています。一例を挙げると、誤出荷率や誤配送率といった数値をもとにして各工程、各入出荷商品の評価検証を行うというものがあります。このような物流計画時に想定した数値よりも誤出荷率や誤配送率が高い場合、出荷時における在庫管理担当の手続き誤りや配送時のオペレーションミスなどが考えられます。

また、物流業では物流の品質を誤配送率で計測します。最終消費者が到着を楽しみにしていた商品とまったく異なるものが届いてしまうと、顧客満足度に大きな影響を与えてしまうからです。企業によって考え方は多少異なりますが、通常の物流会社の誤配送率は50〜100PPM（出荷

回数100万回当たりの誤配送発生回数）といわれています。この目安を超える場合には**KPI改善に向けた早急な対処が必要**になります。適切な進捗状況管理やKPI管理の仕組みを構築できていないと、中長期的に大切な顧客を失うことにつながりかねないからです。LMSの導入を担当するエンジニアの方は、システム構築の際に、**どのような方法で進捗管理を行うのか、またその進捗管理の中で取得できるデータを考え、KPI管理の方向性なども含めてお客様に提案すべき**なのです。参考までに、次ページの表はKPI管理に使用する項目を一部掲載したものです。物流企業によって物流の仕組みはまったく異なるため参考程度ですが、このようなKPI設定をして毎日企業は数値管理を行っているのです。

◆（一例）物流企業のKPI管理

	取扱商品別				ライン別				
	商品種別	商品別	荷姿別	温度帯別	拠点別	配送委託先別	配送スタッフ別	得意先別	納品エリア別
	種別A／種別B／種別Cなど	商品A／商品B／商品Cなど	パレット別／バラなど	常温／冷蔵／冷凍／チルドなど	A拠点／B拠点／C拠点など	A配送会社／B配送会社／C配送会社など	A氏／B氏／C氏など	A様／B様／C様など	A地区／B地区／C地区など
誤出荷率									
誤配送率									
返品率									
在庫回転率									
在庫日数									
在庫差異率									
単位当たりコスト（合計）									
単位当たりコスト（輸送のみ）				マトリクス上の該当箇所に率や数値を入れて、日次や週次単位などで管理を行う				
単位当たりコスト（作業のみ）									
単位当たりコスト（保管）									
売上高対物流コスト比率									
売上高対作業コスト比率									
売上高対保管コスト比率									

10-2 輸配送管理システムの TMS

ロジスティック管理のための仕組み

TMSの概要

前節では、LMSの役割について説明しました。本節で触れるTMSは、LMSに近い概念を持ち合わせています。一部の企業では、このTMSの機能をLMS上に組み込み、統合型システムとして活用しているところもあります。他方、輸送業を生業とする企業の中には、TMSとして独自のシステムを構築し運用するところもあれば、TMSのパッケージソフトを導入して汎用的な輸配送管理を行うところもあります。

本節では、商品が倉庫や物流管理センターから出庫された後、届け先までの輸配送をトータルで管理するものをTMSとして解説していきます。TMSの特徴としては、配車計画を立案し、その計画に従って各トラックの運行管理、運賃管理・収支管理を行うことになるので、配車計画、運行管理、運賃管理および収支管理の3つに分けてそれぞれ説明したいと思います。

配車計画の立案

LMSでは物流計画を立案し、その計画に従って進捗管理やKPI管理をするとお伝えしました。TMSでも同じように、**配車計画**を立案する必要があります。配車計画は、日々の運行予定表を策定した上で、該当日に必要なトラックの台数やそのトラックを使用して商品を運搬する運転手を手配するものです。

配車計画を策定する際には、デジタルマップを用いて走行ルートのシミュレーションを行います。これによって各ルートの所要時間を算出するのです。ただ、**シミュレーションを実行する前に制約条件を付与する必要**があります。各企業によってこの制約条件は変わりますが、一般的な

ものを列挙すると、重量や数量、容積による積載率、最大回転数（トリップ数）、トラック1台当たりの1日平均最大配送件数、納入先の制約（到着指定時間）、備車先指定、商品種別による車両指定、庭先条件指定、混載条件、トラック運転手の休憩時間設定、配送先での実作業時間などがあります。TMS上に制約条件を付与した後、日々の運行管理を行います。

運行管理の方法

運行管理は、トラックに取り付けた専用端末機器やスマートフォン端末を通じて全車両の運行状況や稼働状況を確認することを意味します。運行管理担当者は、TMSの管理画面を通じて、配車計画に従い各トラックやトラック運転手が動いているかをモニタリングします。

運行管理方法も企業によってさまざまです。昨今では**ガントチャート**としてビジュアル表示させ、俯瞰的に管理することが多い傾向にあります。下図は、ガントチャートによる運行管理画面のイメージです。

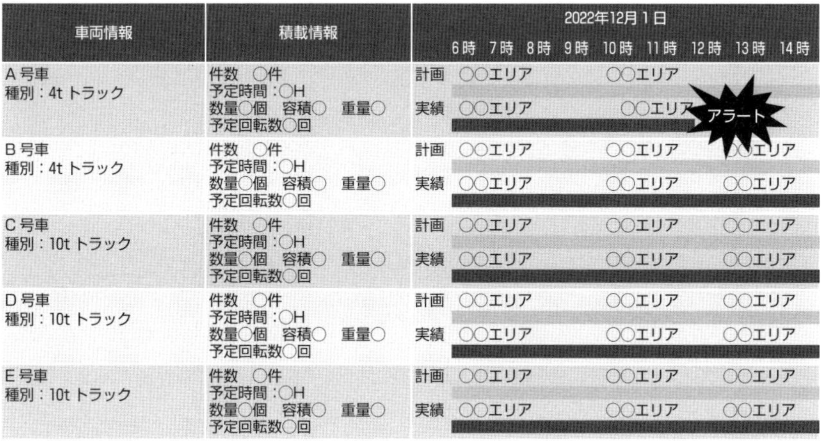

◆ガントチャートによる運行管理（イメージ）

運行管理担当者は、立案した配車計画に従って各トラックが運行しているかどうかをTMSの管理画面を通じてリアルタイムに監視します。

223

仮に配車計画よりも遅延しているトラックがある場合、前ページの図の
ようなアラート表示をすることで、運行オペレーションの正常化に向け
て早急に手を打てるようにします。たとえば、空き稼働のあるトラック
を増援に向かわせることで、配送遅延の防止を行えます。

またTMSに期待される役割の1つとして、**車両費や燃費などのコスト
削減**もあります。各種制約条件を考慮した上で最適な配送ルート設計を
描くことで、トラック台数の削減、ルート短縮による燃費などの改善を
実現できます。

ただ、トラックの運転手も人間です。配送ルートを誤ることも十分に

出典：Apple Map

◆TMSとトラックの位置情報連携（イメージ）

考えられます。そのため、各トラックの運行レコードをしっかりと蓄積
し、どこでどのようなミスが発生しているのか、管理することも大切で
す。それを実現するためには前ページの図のように、**TMSの管理画面と
トラックに取り付けた専用端末機器やスマートフォン端末の位置情報を連
動させる必要**があります。この前提をクリアした上で、各トラックの運
行レコードをしっかりと把握するのです。

運賃管理および収支管理

　運行管理担当者が管理を行うのはトラックだけではありません。配送
業務の一部を委託している場合には**トラックの運賃管理**にも目を配る必
要があります。料金設定の決め方によって多少の違いは存在しますが、
配送運賃は通常、地域間別の運賃表（路線タリフ）、運送距離、運送時
間の３つのパターンにより算出されます（実務では細目が存在します）。

　また、運賃管理のシステム化が適切に行えている運送会社の場合、上
記パターンに基づく運賃計算をベースとした荷主への請求書発行業務、
傭車先への支払通知書の発行といった収支管理機能まで一気通貫して行
えるようになっています。TMSのカバー領域が広がると、業務効率化
が進み、人件費の削減や各種業務精度の向上を実現できます。

225

10-3 倉庫管理システムのWMS

倉庫業務の効率化、簡素化を目指すための仕組み

WMSの概要

10-1では、WMSに類似するシステムとしてLMSを紹介しました。これらの業務管理システムは各企業の経営意思決定により導入が決定されるため、一概にこれを使用しなければならないという決まりはありません。そのため、倉庫業や物流業を営む企業のほか、一部の製造業、小売卸売業、D2Cを含むEC通販業などの事業展開を行う企業の現場でもWMSが導入されることがあります。エンジニアの方は、各業務管理システムの構造や特性を理解し、その企業が求めるシステムの理想の姿を考慮し、時には企業のトップマネジメント層に対し、システムの専門家として提案しなければなりません。

WMSは、在庫管理システムと類似する概念です。大きな違いとしては、目的と管理対象が異なります。WMSの目的は**倉庫管理業務の生産性向上や効率化**にある一方で、在庫管理システムの目的は既に説明したように**適正在庫管理**にあります。また、WMSの管理対象は基本的には**倉庫内の在庫のみ**に限られますが、在庫管理システムは**倉庫外にある在庫も対象**として扱います。したがって、WMSと在庫管理システムは類似する概念ではあるものの、それぞれシステムとしての意義や対象範囲が異なるのです。2つのシステムの位置付けを図示すると次ページのようなイメージになります。ただし、企業の在庫管理システムの組み方によっては在庫管理システムが倉庫管理業務を兼ねることもあるので、あくまで一般論としてここでは理解してください。

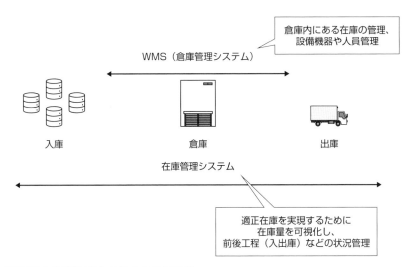

◆WMSと在庫管理システムの位置付け

　前述の通りWMSと在庫管理システムは目的と対象範囲が異なりますが、倉庫内で行われる作業は在庫管理業務と大きな違いはありません。第3章や第4章で触れたように、倉庫管理担当者は対象倉庫内の入出庫管理業務、在庫管理業務、棚卸業務などを行うことになります。

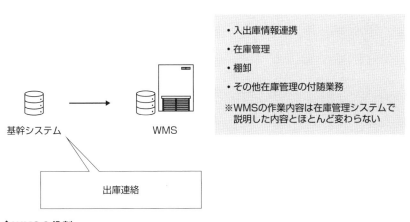

◆WMSの役割

第 **11** 章

在庫に関連する最新の
テクノロジー動向

事例1
ビーコンを駆使する

通信技術を使ったビーコン、位置情報で在庫状況をすぐに把握できるが課題もあり

システムとビーコン技術を組み合わせた在庫管理事例

昨今、通信技術の発展により、さまざまなデバイスとシステムが連動できるようになりました。**ビーコン**もその１つです。このビーコンは、Bluetoothの信号を利用して発信された端末や通信方法のことを指しており、信号を受発信することによって、**ヒトやモノの位置情報を特定することが可能な技術**です。

また、通常のBluetoothよりもさらに省電力にした通信方式を使った**BLEビーコン**もあります。これは使用方法によってコイン電池で何年も電池交換することなく利用できるものです。システムとビーコンの活用事例を挙げると、在庫管理のほか、所在管理・勤怠管理によく使われます。ビーコン経由で社員やスタッフの位置情報を特定し、所在の把握、勤怠状況の確認を行うのです。

在庫管理でも同様です。近年、特に倉庫事業者を中心として、ビーコンと在庫管理システムの普及が進んでいます。具体的な使われ方としては、ビーコンを在庫に取り付け、倉庫や管理センター内に設置されたカメラやセンサーが在庫数、在庫の大きさ、入出庫の状況を機械的かつ自動的に検知することで、在庫棚卸業務や発注業務の効率化、在庫状況の可視化、在庫切れの防止などに貢献しています。種類にもよりますが、モノによってはアラート機能を搭載したビーコンも普及しているので、これらの機能をうまく活用することで、倉庫から販売拠点への誤出荷や盗難防止にも役立ちます。

一例にはなりますが、具体的なビーコンの運用方法は次ページの図のような流れになります。

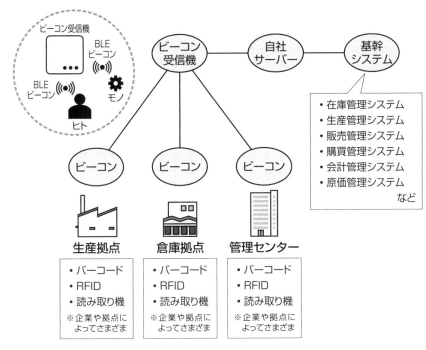

◆ビーコンの運用方法

　ビーコンの性能は少しずつ向上しているものの、まだいくつかの課題を抱えています。たとえば、倉庫内に設置したビーコンの位置によっては正しく位置情報を取得できないケースや、倉庫や管理センターの立地によっては基地局からの電波受信の関係から良好な位置精度が得られないといったケースが起きています。ビーコンによる在庫管理は実際に試してみないとわからないことが多いので、開発会社とやり取りする中で最適なやり方を模索するしかありません。

事例2
画像認識技術を用いる

AI搭載型カメラなどの画像認識技術の進化でさらなる効率化を目指す

急速に発展する画像認識技術、在庫管理業務への応用

　新型コロナウイルス感染症が蔓延する中、倉庫や管理センター内での省人化や遠隔管理に注力する企業が増えています。近年では、**AI搭載型カメラ**のほか、スマートフォン端末内のアプリケーションを使用し、**これまで人間の目で行っていた在庫管理業務を機械的に行う仕組み**が次々に登場しています。AI搭載型カメラやアプリケーションが在庫の動きを感知し、入出庫状況や現在の手元在庫数を自動的に管理してくれるのです。

　これらの技術を導入することにより、これまで数時間かかっていた在庫管理業務がわずか数分で完結するといった事例まで登場しています。また、AI搭載型カメラやアプリケーション内の**画像認識技術**の精度も数年前と比べて格段に向上しており、現在ではアルバイトやパートタイムのスタッフの目視作業よりも正確な数値把握が可能となっています。

　以下は一例ではありますが、画像認識技術を活用した在庫管理業務の運用方法をまとめたものです。

①事前にAI搭載カメラ、IoTアプリケーションに在庫情報（形状や見た目、大きさなど）、在庫保管場所情報などを取り込む

②①で取り込んだ在庫情報と在庫保管場所情報に従い、在庫管理担当のスタッフは陳列・保管を行う

③在庫保管場所から在庫が運搬されると、AIカメラがその動きを感知し、自動的にその個数が計測される

　※次ページの図のようなシステム構成を取ることで、在庫管理担当による遠隔管理も可能となる

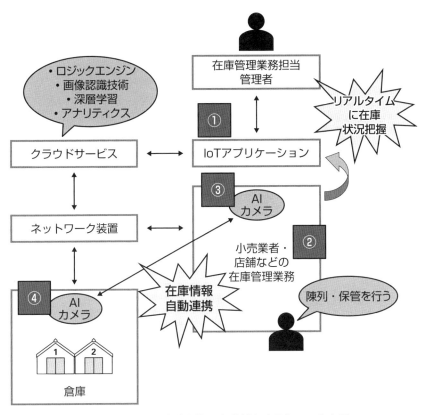

※ロボティクス技術を応用し、自動運搬・自動補充するケースもある

◆画像認識技術の具体的なシステム構成イメージ

④運搬された個数が倉庫センターから新たに補充される

　画像認識技術が発展し、現代では在庫1つひとつの把握ではなく、陳列棚の外観や空間を学習させ、機械的に品切れ状況を把握することも可能になってきています。これらは個々の在庫の学習を不要とし、AIカメラの画角学習のみで運用を開始できるため、速度感を求められる現代社会によりフィットした方法ともいえます。

検知対象→個別の商品　　　　検知対象→商品棚の空間

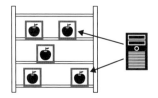 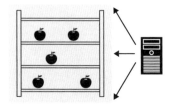

・商品そのものを学習するため時間がかかる　　・商品ではなく背景＝棚を検知
・商品変更のたびに再学習が必要　　　　　　　・現地設置カメラの学習のみで運用可能
・商品の入れ替わりが激しい店舗には不向き　　・パッケージ・レイアウト変更時も適時対応

◆進化する画像認識技術の事例

11-3 事例3 IoT重量計を活用する

導入事例も増加、実際に計量をするからこその精度の高さを持つ技術

IoT重量計とは？

在庫管理業務の中でトラブルになるのが、人的作業によるミスオペレーション、リアルタイムでの情報更新の難しさ、担当者の属人化などです。とりわけ、零細企業や中小企業などでは今でも手書きの帳票類管理やExcel管理が主流であり、実在庫管理業務の中でさまざまな問題や課題をはらんでいます。

現代社会においては、**IoT重量計**をうまく活用することで、在庫管理に関するトラブル解決が可能になっています。IoT重量計とは、**インターネットに接続された状態で使用する計量機**を指します。Amazon Web ServiceやGoogle Cloud Platformと呼ばれるクラウドサービス上で定期的に在庫の重量を計測することで在庫の数や量を把握し、在庫管理システム上にデータを取り込んで閲覧します。事前に在庫管理対象を登録することでその対象の重量と個数をリンクさせ、計量の都度正確な数値管理が可能となります。IoT重量計導入後は在庫を目視確認する必要がなくなるので、人的作業によるミスオペレーションの防止にもつながり、在庫管理業務にかかっていた稼働を大幅に削減できます。

本書執筆時では、前節で紹介した画像認識技術を用いた活用事例は少なく、まだ実証段階中のものが多いですが、IoT重量計の導入事例は日本国内でも増えてきています。その理由としては、精度の差が一番に考えられるでしょう。前述の通り、画像認識技術もかなりの速度感で進化しているのですが、やはり実際に重さを計量するほうが精度は高いです。そのため、直近で在庫管理業務の効率化を検討している企業にお薦めしたいのはこのIoT重量計です。

IoT重量計で行えること

IoT重量計で行えることは、大きく次の3つになります。

①在庫を機械的に正確に計量する
②在庫管理システムと連動させ、在庫数を可視化する
③発注管理システムと連動させ、発注を自動化する

それぞれ見ていきましょう。

まずは①ですが、IoT重量計の最も大きな役割は**正確な計量を機械的に行うこと**になります。手作業で在庫を勘定する場合、1個1個数える必要があり、また量を量る必要がある場合、秤に載せる必要があります。街中の宅配業者に荷物を持ち込むと、スタッフの方が荷物を受け取った後、秤に載せて重量を量ると思います。手管理の場合、1個1個重さを量らなければならず、数が増えれば増えるほど手作業が必要になり、計測に膨大な時間を要することになります。IoT重量計では、在庫の数や量を機械的に計量し、一瞬でその作業を完了させます。在庫の計測に何十人もスタッフをあてている企業なら、その在庫管理業務を2分の1から3分の1に削減できるでしょう。

続いて②です。IoT重量計を在庫管理システムと連動させることで、**在庫数の可視化**を実現できます。IoT重量計はインターネット上に接続されているので、計測した在庫データを自社の在庫管理システムに流し込むことができます（ただし、市販のパッケージソフトウェアやExcelやAccessで在庫管理を行っている場合、IoT重量計から取得した在庫データを連動させることができないケースもあるので注意が必要です）。

ここでは自社システムとIoT重量計が連動できる前提で話を前に進めます。IoT重量計を使用することで、計量時点にどの程度在庫量が存在しているのか即時に把握することができます。また、計量した在庫データを自社工場の生産計画に活用することで、品切れや過剰在庫といったリスクの排除につながります。事前に閾値を設定し、手元在庫量が一定

基準を下回る場合に各在庫管理担当のスタッフに対してアラート配信を流せる仕組みも構築できます。このような機能をうまく導入・活用することで、データチェックの抜け漏れが発生したときでも、機械的に配信されるアラートによって在庫状況に気付くことができるので、品切れが起きる前に何かしらの対処が可能となります。

最後に③です。発注管理システムとIoT重量計（在庫管理システム）を適切に連動させることで、在庫量が閾値を下回った場合に**自動で発注をかける**ことが可能となります。定期的に発注が必要な商品があれば、自動発注機能によって日常の発注事務作業が大幅に削減できるはずです。

IoT重量計の具体的な導入メリット

IoT重量計を導入する具体的なメリットとしては、大きく次の4つになります。

①在庫確認作業・入力作業をゼロにできる可能性がある
②日常的に行われる棚卸作業が不要になる
③在庫管理の精度が向上する
④ネジなど数えにくいものでも管理できる

まず①についてです。DXやIT化が進んでいない現場ほど、日常的な確認業務が残されているものです。IoT重量計の導入を行い仕組み化が整うと、在庫のある現場にわざわざ足を運ぶ必要がなくなります。また、在庫の入出庫もすべてIoT重量計を経由して管理できる場合があるので、システムへの入力作業や帳票類の出力作業も不要になり、在庫管理の業務効率化が加速するはずです。

①を「可能性がある」と濁す表現にしたのは、企業によって在庫管理に関する方針や、将来的にIoT重量計をどのように活用するかが異なるからです。一例を挙げると、重厚長大産業、とりわけ建設業には今でも紙文化が根強く残っており、電子化が今ひとつ進んでいません。そのため、資材などを管理する際にIoT重量計を導入したとしても、管理方針

237

が紙媒体の場合、帳票類の出力や管理は1つの業務として残る可能性があります。したがって、システムエンジニアの方はお客様の要望をしっかりと聞いた上で、システム化の範囲を決定しなければなりません。

IoT重量計導入の効果が最も大きいと考えられるのが②です。小売業や流通業、倉庫管理業で在庫管理を行う担当者は日常的に棚卸作業に取り組んでいます。目視確認を行う中で、「個数が合わない」「量がおかしい」ときに手を止めて何度も数え直しているのではないでしょうか。IoT重量計を正しく使用することで、数え間違い、数え忘れ、重複カウントを防止できます。

続いて③です。人的作業による在庫管理はどうしてもミスオペレーションが起こり得ます。少し前に注目されていたRFID（3‐2参照）でも電波を使用していることから在庫を読み取れないケースが発生します。その点においては、IoT重量計は安心で、正確に在庫数や在庫量を自動計測し続けます。在庫の数や種類が豊富な企業には、IoT重量計の導入がお勧めです。

最後は④です。たとえば、次のような在庫はIoT重量計と相性が良いといえるでしょう。

小さく、数が多いもの　　液体　　　　粉体　　　　コード

◆IoT重量計と相性の良い在庫

特に有効なのは、ネジや部品といった1つひとつ個数を数えるのが大変なもの、粉体や液体のように人の目では数えにくいものです。もし、このような商品を取り扱う会社なら、一度IoT重量計と在庫管理システムとの連動を検討してみると良いと思います。

11-4 事例4 ロボティクス技術を活用する

AMRを筆頭として人的作業を代替できるロボティクス技術が進化

ロボティクスとは？

ロボティクスとは日本語で「ロボット工学」を意味し、ロボットの設計・制作・制御全般を指す言葉として使われます。昨今、日本を含む先進国では、労働人口の減少や人件費の高騰といった人の問題に悩まされています。人的作業を代替するために、在庫管理業務が必須の小売業界、流通業界、慢性的に人手が不足する医療・介護業界などではこのロボティクスの研究開発や投資に力を入れており、導入事例は年々増加傾向にあります。

本節では、前節で触れた画像認識技術やIoT重量計とロボティクスを明確に区別するために、倉庫業界を中心として昨今大きな注目を集める

◆目的の位置まで運搬するAMRのイメージ

出典：PR TIMES「NVIDIA、Isaac ROS の最新リリースを発表、自律走行搬送ロボット（AMR）用のオープンソース フリート管理ツールを実装」
URL：https://prtimes.jp/main/html/rd/p/000000338.000012662.html

239

AMR（Autonomous Mobile Robot：自律型走行ロボット）に焦点を当てて紹介します。AMRとは、2次元バーコード認識やレーザー技術などにより周囲の環境を把握し、目的の位置まで自律走行を行うとともに、在庫などの運搬を行う次世代型ロボットを意味します。

AMRの導入メリット

AMRの導入メリットは大きく次の3つになります。

①在庫を機械的に運搬することで作業の効率化や省人化を図る
②機械的処理により、ヒューマンエラーを減らす
③危険を伴う作業の排除および安全の確保

まず①について触れたいと思います。AMRは指定したルートに基づき、在庫などの運搬を行います。従来の作業員による倉庫業務では、作業員が在庫のある棚に移動し、対象となる在庫を探し、発送エリアなどの特定の位置まで運搬する、という流れが必要でした。AMRを活用すると、上記の移動と運搬作業はすべて機械的に代替することが可能です。また在庫を探す作業に関しても、最近ではセンサー技術が発達し、ロボットが的確に峻別できるようになりました。人的作業を機械的作業に置き換えることで、作業の効率化や省人化を達成できます。

②はヒューマンエラーの極小化を意味します。残念ながら作業員とAMRの作業の正確性を比べると、AMRに軍配が上がります。作業員のヒューマンエラーを防ぐために、複数回のチェック体制を敷く企業も多いですが、それでもAMRに作業内容を学習させたほうが高い精度で作業をこなしてくれるでしょう。AMRを含むロボットは決められた作業を間違いなく機械的・自動的に実行するので、ほぼミスが発生しません。もし現行の在庫管理業務の中でヒューマンエラーが多発している作業に置換できれば、AMRの効果は非常に大きなものになるはずです。

最後に③です。倉庫会社や物流会社で働く作業員は、在庫運搬や在庫整理の際に、転倒被害に遭う可能性がゼロではありません。大型の在庫

転倒により、作業員が死亡したというニュースもしばしば発生しています。人の命は代替できません。すべての運搬作業、整理作業をAMRに任せるにはいくつかの段階を踏む必要がありますが、労働災害を招く可能性のある一部の危険な作業、一部の作業エリアであれば比較的導入がしやすいものです。事故や事件は起きてからでは遅いです。危険を伴うような在庫管理業務がある場合、一度AMRの導入を検討してみてください。

索　引

【執筆者紹介】

株式会社GeNEE（かぶしきがいしゃジーン）

東京都港区六本木1丁目に本社を構える「国内有数のシステム／モバイルアプリ開発会社」。基幹系・業務管理系を中心としたシステム開発事業、BtoB向けおよびBtoC向けのエンドユーザーを対象としたモバイルアプリ開発事業、企業のDX推進事業、MVP開発事業などを展開。

「開発力」を中枢としながら「ビジネス（戦略）」「UI/UXデザイン」を融合させた伴走型プロジェクト支援体制により、民間企業、学校法人、行政といったさまざまな業界・業種のクライアントに対し、高品質な開発サービスを提供する点に定評がある。

開発序盤に行われる調査分析工程を経て、クライアントが抱える課題や問題を的確に捉え、ロードマップ策定、事業戦略立案、開発計画を含むITソリューション提案を一気通貫で支援。開発と技術を武器とし、隣接する戦略領域およびUI/UXデザイン領域を網羅できるシステム／モバイルアプリ開発会社は日本でも有数であり、その三位一体形式のプロジェクト支援、開発サービスを大きな強みとしている。

HP https://genee.jp/

DX/IT ソリューション事業部（デジタルトランスフォーメーション・アイティーソリューションじぎょうぶ）

国内外のDX事例をもとに最先端のIT活用およびビジネス推進を担う事業部門。「ビジネスディレクションチーム」、「DX/ITコンサルティングチーム」、「技術開発チーム」、「UI/UXデザインチーム」、「UXサポートチーム」の5つのチームで構成されており、クライアントが抱える組織課題・業務課題に対して、各チームのスペシャリストがプロジェクトを編成し、DX/ITを切り口としたソリューションを提供することで課題解決にあたる。

これまで、小売流通業・製造業・卸売業・建設業・不動産業・金融業・医療介護業・医療検査業・印刷出版業・教育業・食品業・倉庫業・飲食業・通販事業といった、多種多様な業界・業種の技術支援を行っている。

クライアントとの共同事業によって生まれた新しい開発技術や知識は、系列業者や下請業者に展開し、業界全体の付加価値向上に貢献しており、有名大学との共同研究や研究支援、特別講義対応などを通じて、最先端のテクノロジーを啓蒙する活動にも注力している。

このような取り組みを通じて、社会全体におけるDX/ITの浸透に貢献し、さらなる効率化・スマート化を促進できる組織を目指している。

日向野 卓也（ひがの・たくや）

株式会社GeNEE代表取締役

東京工業大学環境社会理工学院、慶應義塾大学大学院経営管理研究科、慶應義塾大学ビジネススクール修了（MBA：経営学修士取得）。

国内最大手SIerである、株式会社NTTデータなどでエンタープライズ領域（大手企業）向けの事業開発・事業企画・財務企画などに従事。

アメリカ・スタンフォード大学での海外研修を経て、システムおよびモバイルアプリ開発会社、株式会社GeNEEを創業。小売流通業、製造業、美容医療業の基幹系システム、業務管理系システムの開発プロジェクトの他、組織全体を変革するDXプロジェクトを担う。

【執筆協力】

斎藤 裕一（さいとう・ゆういち）

株式会社GeNEE

大阪大学工学部、大阪大学大学院情報科学研究科修了。

国内最大手SIerである、株式会社NTTデータで大手金融機関向けに債権書類電子化システム、金融規制・法規制対応システムの要件定義・インフラ設計・開発および構築、複数金融サービスのAPI連携などを手掛ける。その後、株式会社GeNEEの取締役に就任し、卸売業、医療検査業、観光業の業務管理系システム、業務アプリなどの開発プロジェクトを牽引。

鈴木 聡一郎（すずき・そういちろう）

株式会社GeNEE

慶應義塾大学経済学部、慶應義塾大学大学院経営管理研究科、慶應義塾大学ビジネススクール修了（MBA：経営学修士取得）。

国内屈指のメガベンチャー株式会社ディー・エス・エーで国内登録者数約200万人を誇るメガヒットアプリ「マンガボックス」のフルスクラッチ開発などを手掛ける。その後、株式会社GeNEEの取締役に就任し、建設業、工事業の基幹システムの開発、各種DXプロジェクトを牽引。

嶋野 裕太（しまの・ゆうた）

株式会社GeNEE DX/ITソリューション事業部

SIerにて大手金融機関向け債権回収システム、住宅ローンシステムなどのインフラの設計・開発・構築、および新技術導入のPoCを担当する。その後、株式会社GeNEEに参画。現在は印刷業、出版業の基幹系システム、業務管理系システム、産地直送系プラットフォームサービスの設計・開発業務などに従事。

装丁・本文デザイン	FANTAGRAPH（ファンタグラフ）
カバーイラスト	岡村 慎一郎
DTP	一企画

エンジニアが学ぶ在庫管理システムの「知識」と「技術」

2023 年 2 月 6 日　初版第 1 刷発行
2024 年 2 月10日　初版第 2 刷発行

著者	株式会社 GeNEE　DX/IT　ソリューション事業部
発行人	佐々木 幹夫
発行所	株式会社 翔泳社（https://www.shoeisha.co.jp）
印刷・製本	株式会社 加藤文明社印刷所

©2023 GeNEE Corporation of DX & IT Solution Division